AF461924

PROCÈS

CONTRE

MM. FONTANA & CIE

CATALOGUE GÉNÉRAL

DES

OUVRAGES DE L'AUTEUR

dont l'Imprimerie de la rue du Bac, 83, Paris, possède tous les clichés

Tous ces ouvrages, à partir du 1er janvier 1887, font partie du domaine public

Guide du Bonheur, 1 vol. in-18 (jésus), broché........ 1 60
Philosophie spirite, 1 vol. in-18 (jésus), broché....... 2 00
Notions d'Astronomie, etc. 1 vol. in-18 (jésus), broché. 2 00
Trilogie spirite, comprenant les trois volumes précédents, 1 fort vol. in-18 (jésus), broché............ 5 00
Véritable catéchisme universel, 1 vol. in-18 (jésus), broché. 1 50
Encyclopédie morale, 1 fort vol. in-32, broché. 1 70
Guide de la sagesse, 1 vol. in-18 (jésus), broché....... 1 70
Poème psychologique, 1 vol. in-18 (jésus), broché..... 1 00
Poème astronomique, 1 vol. in-18 (jésus), broché..... 1 40
Trilogie morale, comprenant les trois volumes précédents, 1 vol. in-18 (jésus), broché................. 3 50
Les deux Antipodes, brochure in-18 (jésus) de 36 pages, plus une couverture. Brochée....... .... 0 50
Brochure scientifique et morale, in-18 (jésus), brochée. 1 00
Le véritable régénérateur scientifique et moral, 1 vol. in-32 broché..... .... 1 50
Tableaux astronomique et synoptique, collés sur carton de 19 cent. sur 24 et à bordures dorées........... 0 55
Double grand tableau synoptique (Etats d'Europe et départements français). Dimension : 55 cent. sur 72. 0 40
Grand tableau d'instruction morale et scientifique. Même dimension........... .... 0 40

VOLUMES N'AYANT PAS DE CLICHÉ

Almanach régénérateur (1880) de 118 p.
L'Ami du voyageur (1883) de 110 p.
Notice Biographique (1884) de 115 p.
Notre Correspondance, ect. (1885) de 68 p.
Les deux Républiques de Victor Hugo (1885) de 12 p.

NOTRE PROCÈS

CONTRE

MM. FONTANA & Cie, IMPRIMEURS

27, Rue d'Orléans, ALGER

ET

CONDUITE IMMORALE

DU TRIBUNAL DE COMMERCE

de ladite Ville

Par Augustin BABIN

De cette Brochure blâmer l'apparition,
C'est faire, assurément, une mauvaise action ;
Du moment que son but, consiste à critiquer
Tous Êtres capables de vouloir nous flouer.

A. B.

DRAGUIGNAN, ÉDITÉ PAR L'AUTEUR

1888

(Fait partie du Domaine public)

IMPRIMERIE C. ET A. LATIL, BOULEVARD DE L'ESPLANADE, 4

NOMS DES VILLES

POSSÉDANT

la Collection générale de tous nos écrits

PARIS : B. Nationale ; Mazarine ; de l'Université ; de Sainte-Geneviève ; 3me, 7me, 8me, 9me, 15me, 16me, 18me et 19me arrondissements de Paris (2).

1. Laon (Aisne).
1. Moulins (Allier).
1. Nice (Alpes-Maritim).
2. Troyes (Aube).
1. Rodez (Aveyron).
1. Marseille (B.-du-R.)
1. Angoulême (Charente)
1. Saintes (Charente-Inf.)
2. St-Amand-Mont-Rond (Cher).
1. Tulle (Corrèze).
3. Ajaccio (Corse).
1. Dijon (Côte-d'Or).
1. St-Brieuc (C.-du-N.)
1. Périgueux (Dordogne)
1. Besançon (Doubs).
1. Pontarlier (Doubs).
1. Valence (Drôme).
1. Evreux (Eure).
1. Chartres (Eure-et-L.)
3. Morlaix (Finistère).
1. Nimes (Gard).
1. Toulouse (Hte-Garone).
2. Bordeaux (Gironde).
1. Montpellier (Hérault)
1. Rennes (Ile-et-Vilaine)
1. Chateauroux (Indre).
1. Tours (Indre-et-Loire)
1. Grenoble (Isère).

2. Lons-le-Saulnier (Jura).
2. Dax (Landes).
2. Roanne (Loire).
1. Puy (Haute-Loire).
1. Nantes (Loire-Inférre)
2. Orléans (Loiret).
2. Agen (Lot-et-Garonne).
1. Angers (Maine-et-L.)
1. Granville (Manche).
1. Chaumont (Haute-Mar.)
2. Nancy (M.-et-M.)
3. Nevers (Nièvre).
2 3. Lille (Nord).
2. Valenciennes (Nord).
1. Beauvais (Oise).
1. Arras (Pas-de-Calais).
1. Clermont (Puy-de-D.)
2. Pau (Basses-Pyrénées).
1 Bayonne (Basses-Pyr.)
2. Tarbes (Hautes-Pyr)
2. Perpignan (Pyr.-Ori.)
1. Lyon (Rhône).
2. Croix-Rousse à Lyon.
2. Guillotière à Lyon.
1. Mans (Sarthe).
1. Rouen (Seine-Infér.)
1. Havre (Seine-Infér.)
2. Melun (Seine-et-Mar.)

2. Versailles (S.-et-O.)
2. Niort (Deux-Sèvres).
2. Amiens (Somme).
2. Mazamet (Tarn).
2. Toulon (Var).
1. Avignon (Vaucluse).
2. Fontenay-le-Comte (V)
1. Poitiers (Vienne).
1. Limoges (Haute-Vien.)
2. Auxerre (Yonne).

ALGÉRIE

Alger : B. Nationale et Municipale.
1. Oran (Algérie).
1. Constantine (Algérie).

FIN

SIGNES ABRÉVIATIFS

1. B. Publique.
2. B. Populaire.
3. B. Communale.

A. B.

AVERTISSEMENT

Le double motif qui nous a engagé à faire paraître cette Brochure est purement moral. La preuve, c'est que : 1° Il a pour but de *prémunir* les honnêtes gens contre toutes surprises comme celles dont nous avons été la victime. En effet, pas un seul de nos lecteurs, après avoir pris connaissance de cette dite Brochure, ne voudra faire faire quoi que ce soit d'une certaine importance (1), sans passer un compromis signé par les deux parties.

Assurément, l'on peut affirmer d'avance que celle des deux parties qui se trouverait froissée d'une semblable demande, ne pourrait avoir que des intentions coupables et malveillantes. D'après cela, la plus simple prudence exige donc d'avoir recours à ce procédé absolument juste et rationnel, lequel ne blesse personne, toutes les fois que les deux parties sont probes et honnêtes et, dans le cas contraire, ne peut blesser (nous le répétons) que la partie malhon-

(1) Le *vice-versâ* de ce que nous disons ici, a naturellement sa raison d'être.

nète et susceptible de se rendre coupable de méfaits plus ou moins graves, mais toujours des plus pénibles pour la partie opposée.

2° Nous pensons remplir un devoir sacré, dans l'intérêt de tout Français d'origine habitant la ville d'Alger continuellement (comme cela était notre intention) ou momentanément et puis, ensuite, dans l'intérêt de tous les Indigènes habitant la dite ville, ainsi que tous les Colons faisant partie de son ressort commercial, nous pensons, disons-nous, remplir un devoir sacré en démasquant les actes d'injustice absolument immoraux qui, de la part du Tribunal de Commerce de la ville en question, se sont produits dans notre procès contre les sieurs Fontana et Cie. Ces actes sont tellement flagrants, que nous avons été mis dans l'obligation forcée d'accuser, par lettre recommandée à son Président, le 24 janvier 1888, le dit Tribunal d'être une véritable *coterie judiciaire;* laquelle *coterie*, certainement, ne peut que déshonorer le commerce algérien tout entier et, par contre, la ville d'Alger elle-même; ce qui, franchement, est on ne peut plus regrettable pour la dite ville et, malheureusement, finira par *léser* les intérêts matériels de la ville en question, si les *autorités supérieures* de la susdite ville ne prennent pas de sérieuses mesures pour faire disparaître de telles infâmies. Pour avoir la preuve convaincante de leur existence, il suffit de prendre connaissance de la présente Brochure, laquelle contient des actes honteux et déplorables communs aux sieurs Fontana et Cie, imprimeurs, rue d'Orléans, 27, Alger, et au Tribunal susdésigné.

D'après les vérités indiscutables que nous disons ci-dessus, nous pensons qu'un devoir absolu et tout à fait moral s'impose forcément à M. le Gouverneur de l'Algérie, chargé de veiller aux intérêts (tant matériels que moraux) de notre belle et magnifique colonie algérienne par trop déshonorée, hélas ! par les nombreuses coteries civiles et judiciaires (commercialement parlant) dont elle subit la triste et déplorable influence qui, positivement, aux yeux de la mère-patrie et de toute nation vraiment civilisée, ne peut que la faire passer pour être coupable de méfaits tout à fait déplorables.

Ce devoir, assurément, est le suivant, qui ne

peut qu'honorer et procurer à M. le Gouverneur de l'Algérie l'extrême reconnaissance de la mère-patrie : c'est de veiller, scrupuleusement, à ce qu'aucune coterie ne puisse *impunément*, commettre dans l'Algérie tout entière et principalement à Alger (où cela se produit par trop souvent, hélas !) aucune injustice et aucuns méfaits indignes de toute nation vraiment civilisée et imbue du moindre sentiment de justice.

Certainement, nous aimons à espérer que le pur patriotisme de M. le Gouverneur de l'Algérie l'engagera à vouloir bien prendre en considération les renseignements que nous nous permettons, dans un but purement et simplement moral (ce qui est le devoir de tous les honnêtes gens), de publier dans notre présente Brochure, renseignements absolument conformes à la réalité. Cette Brochure a donc entièrement sa raison d'être, du moment qu'elle a essentiellement pour but de faire publiquement connaître des actes absolument honteux et déplorables ne pouvant que déshonorer toute ville quelconque où ils sont susceptibles de se produire...

PREMIÈRE PARTIE

NOTA

Je soussigné, Augustin Babin, je garantis formellement ici, que toutes les copies de lettres comprises dans cet écrit, sont absolument conformes aux lettres originales, dont trois seulement (celles que nous ont adressées MM. Fontana et Cie) ont été enregistrées le 12 janvier 1887.

A B.

PRIX INDIRECTEMENT CONVENU

Des 300 Exemplaires

DU VOLUME MANUSCRIT DONNÉ A COMPOSER

Dans la dernière quinzaine de novembre 1886 portè mon manuscrit (volume in-18, jésus, corrigé et augmenté) à la Société d'imprimerie Fontana et Cie, 27, rue d'Orléans, Alger. M. Fontana, le seul avec qui j'ai eu primitivement à faire, après avoir examiné mon dit manuscrit, me dit qu'il allait immédiatement le mettre en composition, ce qui, en effet, a eu lieu.

Le matin du 11 décembre suivant, ayant reçu la seconde épreuve de la première feuille, je la lui ai retournée moi-même, avec mon bon à tirer pour 600 exemplaires, format in-18, lequel format nous avons alors transformé en format in-12; ce qui m'a engagé à réduire mon tirage de moitié, 300 exemplaires au lieu de 600 ex. Ce même jour, ainsi que je lui avais promis sans qu'il me les demande, je lui ai compté la somme de *quatre cents francs*, pour laquelle il m'a donné un reçu, après m'avoir donné connaissance, avant le changement de format sus-désigné, que les 600 volumes in-18, me coûteraient 1,200 à 1,250 francs au plus; à la condition que le volume ne comprendrait pas plus de 350 pages. Prix que j'acceptais, alors, sans difficulté. D'après cela, ce serait donc la diffèrence du format, etc., d'un côté, et d'un autre côté, la différence de nombre des volumes tirés, qui doivent, purement et simplement, modifier le prix sus-désigné.

AUGUSTIN BABIN.

NOTRE CORRESPONDANCE

Avec MM. FONTANA et Cie, Imprimeurs

Et M. HUART, notre Avocat

Alger, le 18 décembre 1886

A Monsieur P. Fontana, Imprimeur,

Monsieur,

Votre persistance à vouloir m'enlever le papier que vous m'avez primitivement promis et donné, en me livrant la première feuille tirée de l'écrit dont vous me faites la composition, et cela, malgré mon dernier *Bon à tirer* (le troisième) que je vous ai donné, m'oblige à vous écrire la présente, pour vous dire, que je trouve un semblable procédé tout à fait déplorable et susceptible, plus tard, de nous mener devant les tribunaux.

J'ai l'honneur de vous saluer.

Augustin BABIN.

Chez Mme Venot, boulev. de la République, 2, Alger.

Alger, le 20 décembre 1886

Monsieur Augustin Babin, boulevard de la République, n° 2, Alger.

En réponse à votre lettre du 18 courant, nous ne pouvons que vous répéter ce que nous vous avons dit dans notre dernière *entrevue*. Le papier de notre dernière feuille est identiquement de même qualité et fabrication que celui des suivantes, à cette différence cependant (bien insensible du reste) que le satinage et la blancheur sont un peu plus prononcés.

Vous avez bien voulu, après avoir constaté notre bonne foi, passer outre, pourvu que toutes les autres feuilles à imprimer se ressemblassent et fussent de même qualité que la feuille 2, puisque, ainsi que vous avez pu le voir, il ne nous restait aucune feuille ressemblant à celui de la première (1).

(1) Ce renvoi que nous introduisons dans cette lettre et qui nous est absolument personnel, a pour but de faire la déclaration suivante: c'est que tout ce que contient la phrase qui l'a occasionné est absolument *contraire à la vérité*. Cela, nous l'affirmons de la manière la plus formelle, d'autant mieux que notre *Bon à tirer* donné le 15 ou le 16, sur la seconde épreuve de la troisième feuille, peut le prouver surabondamment, et que notre lettre du 18, date du jour même que nous avons reçu notre exemplaire de la troisième feuille tirée. Au surplus, la livraison des feuilles 5 et 6, le prouve matériellement...

A. B.

Dans les conditions actuelles, il nous est impossible de continuer l'impression de votre ouvrage, car nous ne voulons, à aucun prix, avoir des difficultés avec les personnes qui veulent bien nous honorer de leur confiance.

Si votre désir est de nous continuer la vôtre, nous devons vous prévenir que nous n'avons pas d'autre papier que celui que nous vous donnons actuellement, que nous soutenons encore être de même qualité et de MÊME PRIX que celui de la première feuille, en tenant compte de la différence signalée plus haut. Il vous sera facile de vous en rendre compte, en soumettant les exemplaires que vous avez en main à une expertise compétente.

Veuillez donc nous faire savoir si nous devons continuer à imprimer dans les conditions actuelles.

Afin de respecter l'uniformité et la teinte à votre ouvrage imprimé, nous vous offrons, si vous le désirez, à réimprimer la première feuille *à nos frais*, malgré que, et cela nous en sommes convaincus, aucune différence n'apparaîtra.

Veuillez agréer, Monsieur, avec tous les regrets suscités par cet accident, l'expression de notre considération distinguée.

FONTANA ET Cie.

Alger, le 21 décembre 1886

A Messieurs Fontana et Cie

Messieurs,

Je viens de recevoir, à l'instant, votre lettre du 20 courant, en réponse à ma précédente du 18, dans laquelle vous me faites des offres que j'accepte, à la condition expresse que votre lettre sus-désignée et ma précédente. y compris celle-ci (si vous le désirez), figureront à la fin du volume dont vous me faites la composition; laquelle composition se fera forcément, ou sinon les tribunaux en décideront.

J'ai l'honneur, Messieurs, de vous rappeler, ici, que vous avez pris l'engagement formel, le jour même que je vous ai avancé *quatre cents francs* pour des travaux à peine commencés (ce qui ne se fait jamais en pareil cas), que les *trois cents* volumes commandés doivent m'être livrés dans la première quinzaine de mars 1887, au plus tard, lesquels volumes seront examinés, par moi, avec le plus grand soin, avant achèvement de payement.

Telle est, Messieurs, ma réponse à votre honorée du 20 courant, laquelle réponse exprime mon absolue volonté.

Veuillez agréer mes respectueuses salutations.

AUGUSTIN BABIN.

Chez Mme Venot, boulev. de la République, 2, Alger.

Alger, le 30 décembre 1886

Monsieur Augustin Babin, boulevard de la République n° 2, Alger.

Vous dites dans votre lettre du 21 courant, que la *composition se fera forcément ou bien les tribunaux en décideront.*

Lors de notre dernière entrevue au sujet de la difficulté relative au papier, nous vous avons offert de vous rembourser les quatre cents francs avancés, gardant pour nous la perte du travail effectué. Vous avez refusé.

Vous nous rappelez que nous avons pris l'*engagement formel* de vous livrer les 300 volumes, dans la première quinzaine de mars.

Nous n'avons pris aucun engagement *ferme;* nous avons tout simplement parlé de cette date comme *possible.* Nous voulions bien prendre un engagement pour une livraison plus rapprochée, *à la condition*, si vous acceptiez, *de payer les heures supplémentaires.* Vous avez répondu que cela était inutile.

Nous vous avons fait demander hier si, afin d'accélérer la besogne, il ne serait pas préférable de faire prendre le *Bon à tirer* chez vous ; vous avez dit que vous préfériez l'envoyer par la poste. Nous n'avons pas besoin d'insister sur ce point, qui est du temps perdu inutilement.

Vous dites aussi dans la lettre sus-citée, que vous nous paierez après complet achèvement.

Les divers incidents qui ont résulté de cette affaire nous amènent à vous dire que : nous ne continuerons l'impression de votre volume qu'à la condition de nous remettre, *avec chaque bon à tirer*, la somme de *soixante francs*, représentant le prix de la feuille.

Nous avons reçu 400 francs (quatre cents); il reste donc 40 francs (quarante) à valoir sur la feuille septième. Vous voudrez bien, en donnant le Bon à tirer de cette feuille, y joindre 20 francs (vingt), pour complément.

C'est la première fois que l'on nous met dans la nécessité d'user d'un procédé que nous regrettons certainement, mais qui est provoqué par vos faits et menaces injustifiables.

Ce sera, croyons-nous, le seul moyen d'éviter des désagréments ultérieurs.

Nous avons bien l'honneur de vous saluer.

FONTANA ET Cie.

Alger, le 1er janvier 1887

A Messieurs Fontana et Cie

Messieurs,

J'ai reçu hier soir votre lettre du 30 décembre 1886, lettre que je déclare sur l'honneur, être entièrement fausse depuis le commencement jusqu'à la fin, sauf les deux premières lignes (1).

(1) Ce renvoi, qui ne figurait pas dans cette lettre, a pour but de faire connaître que nous aurions dû ajouter ici : et *l'injuste* et *immorale* demande que vous me faites à la fin de votre lettre. D'après cela, quatre lignes plus bas, le mot *absolument* aurait dû être remplacé par : à très peu près.

Quant à la ridicule demande (sous tous les rapports) que vous me faites et que je refuse de la manière la plus absolue*;* elle est tellement *injuste* et *immorale* que, positivement, je suis autorisé à vous dire, que votre sus-dite lettre se trouve, *absolument,* dans le même cas que la phrase suivante, extraite de votre lettre du 20 décembre 1886. Cette phrase est celle-ci :

« Vous avez bien voulu, après avoir constaté notre bonne foi, passer outre, pourvu que toutes les autres feuilles à imprimer se ressemblassent et fussent de même qualité que la feuille 2, puisque, ainsi que vous avez pu le voir, il ne nous restait aucune feuille ressemblant à celui de la première »

Cette phrase, je le déclare, également sur l'honneur, est absolument fausse d'un bout à l'autre. Si, dans le temps, cette fausseté n'a pas été relevée par moi, comme elle méritait de l'être : c'est uniquement dans le but d'éviter pour le moment, toutes difficultés capables de retarder les travaux commencés...

Je vous ferai remarquer ici, Messieurs, que, d'après votre envoi de la cinquième feuille tirée, que j'ai reçu hier soir sur les trois heures environ, vous avez reconnu et regretté, sans doute, les graves erreurs contenues dans la phrase sus-désignée, en m'adressant cette dite feuille, sans que mon *Bon à tirer* en fâsse mention, imprimée sur un papier exactement semblable à la première feuille.

En terminant la présente, je me contenterai de vous dire ceci : Au revoir, Messieurs, devant les tribunaux, si cela vous convient, et ce qui forcément arrivera *si les travaux ne sont pas régulièrement continués.*

J'ai l'honneur de vous saluer.

AUGUSTIN BABIN.

P.-S. — En même temps que la présente, je vous adresse par la poste, Messieurs, mon *Bon à tirer* pour la sixième feuille, pour laquelle vous me donnerez (du moins, je l'espère,) le même papier que celui de la feuille précédente, la cinquième ; ce qui forcément, du reste, devra également exister pour les feuilles suivantes.

J. V. S.

A. B.

Alger, le 8 janvier 1887

Monsieur Babin, boulevard de la République, n° 2, Alger

Vous recevrez, en même temps que la présente, l'épreuve de la feuille 7, pour le paiement de laquelle il est nécessaire que vous ajoutiez une somme complémentaire de *20 francs,* conformément au contenu de notre lettre du 20 décembre écoulé, laquelle, malgré votre honorée injurieuse du 1er janvier courant, nous maintenons dans toute sa teneur.

Conséquemment, si vous tenez à faire paraître votre ouvrage, veuillez vous y conformer, car ce que nous y formulons est *notre droit absolu,* aucun article de loi nous obligeant à faire des avances.

Nous n'avons aucun regret à éprouver ni à formuler ; notre attitude et nos procédés ayant été des plus corrects, nous n'acceptons aucun des termes contenus dans votre injurieuse du premier janvier, que nous ne pouvons attribuer qu'à un moment de mauvaise humeur.

Nos occupations ne nous permettant pas le loisir d'une correspondance régulière, nous vous prions de vouloir bien prendre bonne note de la présente et nous croire vos très humbles serviteurs.

FONTANA ET Cie.

Alger, le 10 janvier 1887

A MM. Fontana et Cie, Imprimeurs

Messieurs,

Je viens de recevoir, à l'instant, votre lettre du 8 courant, dans laquelle vous me renouvelez l'absurde et coûpable demande, faite pour la première fois dans votre précédente du 30 décembre 1886. Ma réponse à votre dite lettre, la voici : c'est qu'une semblable demande sent absolument mauvais, au point même de tomber *(peut-être bien)* dans le ressort du tribunal correctionnel. Quand vous voudrez, Messieurs, nous en ferons l'essai.

Quant à cesser la composition de mon écrit, que

cela se produise, Messieurs, et immédiatement je porte vos trois lettres à l'*Enregistrement* et puis ensuite, *au moment convenable*, vous recevrez une assignation (tout avertissement n'ayant plus de raison d'être) à comparaître devant le tribunal de commerce ou bien correctionnel, selon l'avis de Monsieur mon avocat.

Merci, merci, Messieurs, pour la jolie petite collection de lettres sentant mauvais, que vous m'avez fait l'honneur de m'adresser...

J'ai l'honneur de vous saluer.

AUGUSTIN BABIN.

Chez Mme Venot, boulev. de la République, 2, Alger.

OBSERVATION

Messieurs Fontana et Cie ne nous ayant pas adressé d'épreuve toute la semaine dernière (du 10 au 16 janvier 1887), nous nous sommes décidé à pousuivre ces Messieurs devant les tribunaux. Dans ce but, le 17 janvier 1887, nous sommes allé chez Monsieur Bordet, avocat à la Cour d'appel (lequel nous avait été désigné par une connaissance), pour lui offrir nos pièces. Monsieur Bordet nous ayant répondu qu'il ne pouvait pas les accepter, parce que ces Messieurs étaient ses clients, nous lui demandâmes, alors, d'avoir l'obligeance de nous désigner un avocat dans la ville d'Alger (n'en connaissant aucuns), à qui nous pourrions confier notre défense. Ma foi, dit-il, vous en avez un auprès de vous, c'est mon secrétaire qui, lui aussi, est également avocat à la Cour d'appel. Très volontiers, répondîmes nous, persuadé que M. Bordet, dans cette circonstance, ne prendrait pas la défense de ses clients, du moment qu'il nous offrait son secrétaire, M. Léon Huard, à qui ce jour même nous laissâmes nos pièces, etc.

Copie de la lettre adressée à MM. FONTANA et Cie, à la date du 19 janvier 1887, par Monsieor Léon HUARD, notre avocat.

Messieurs Fontana et Cie, Imprimeurs, Alger

Monsieur Augustin Babin, vous remettait dans la seconde quinzaine de *décembre 1886, le volume manuscrit d'un ouvrage d'astronomie, corrigé et augmenté, qu'il venait d'achever.*

Aux termes des conditions verbales intervenues entre vous et lui, postérieurement à la remise de ce manuscrit, vous deviez lui fournir 300 exemplaires de cet ouvrage (format in-12), dans la première quinzaine de mars prochain.

Le papier sur lequel devait s'effectuer le tirage était glacé et blanc. Monsieur Babin vous remettait une somme de 400 francs, à titre d'acompte sur le prix total de l'édition; prix qui devait être payé conformément aux usages établis, l'ouvrage une fois livré et accepté.

Les premier et second feuillets furent tirés sur le papier glacé choisi par M. Babin. *Les troisième et quatrième feuillets étaient au contraire imprimés* sur papier terne et gris.

Monsieur Babin vous le fit remarquer par lettres des 18 et 21 décembre dernier et ne consentit à vous donner le Bon à tirer, que sous la condition expresse que ses deux lettres et votre réponse seraient imprimées à la fin de son ouvrage.

A partir de cette époque, les rapports entre M. Babin et vous se sont tendus et aigris, et, par votre lettre du 30 décembre, vous écriviez à M. Babin que vous étiez décidés à ne continuer l'impression de son ouvrage qu'à la condition qu'il vous remettrait avec chaque Bon à tirer, la somme de soixante francs, représentant le prix du feuillet.

M. Babin n'a pas cru devoir accepter pareille condition qu'il dit être contraire à son contrat et à tous les usages établis en pareille matière.

Par des lettres des 1er et 10 janvier courant, il vous priait de continuer l'impression de son ouvrage, en vous en tenant aux termes du contrat verbal intervenu entre vous et lui.

Vos livraisons des cinquième et sixième *feuillets imprimés* sur le papier blanc et satiné qui avait été choisi en premier, semblaient indiquer que l'incident soulevé était alors terminé, lorsque l'envoi du 7me feuillet tiré sur le papier gris critiqué a fait ressusciter les difficultés.

M. Babin désire la continuation de l'impression de son ouvrage sur le papier qu'il a choisi, papier blanc et satiné. Il réglera le prix de l'impression, *lorsque l'ouvrage lui aura été livré et accepté.*

Il m'a prié d'être aujourd'hui son intermédiaire amiable.

Veuillez bien me faire connaître par une lettre la réponse, si vous acceptez la continuation de l'ouvrage de M. Babin, dans ces conditions.

Je ne puis vous cacher qu'en cas de refus, M. Babin est bien résolu à faire trancher cette difficulté qui s'applanira, je l'espère, par les tribunaux.

Veuillez agréer, Messieurs, mes salutations empressées.

L. HUARD.

Nota. — Dans la lettre ci-dessus, deux graves erreurs (principalement la première) ont été commises par l'auteur de la dite lettre. La *première*, consiste à prendre un mois de *novembre* pour un mois de *décembre*.

La *seconde*, consiste à avoir faussé le nombre des feuilles imprimées sur papier satiné blanc, lequel est celui ci : 1re feuille sur papier satiné et blanc ; 2me, 3me et 4me feuilles sur papier grenu et gris ; 5me et 6me feuilles sur papier satiné et blanc ; 7me feuille sur papier grenu et gris.

Quant à prendre des feuilles pour des feuillets (erreur qn'un écolier de cinquiéme classe n'aurait pas commise), positivement cela nous a inspiré peu de confiance dans les hautes capacités de notre avocat à la Cour d'appel d'Alger. Cependant, cela nous inquiéta peu, tellement notre cause était facile à défendre; il suffisait, en effet, d'avoir un peu de bonne volonté, laquelle a fait absolument défaut, chez l'avocat sus-désigné

A. B.

Alger, le 22 janvier 1887, à 5 heures du soir

A Monsieur Léon Huard, avocat à la Cour d'appel d'Alger

Cher Monsieur,

Ainsi que vous me l'avez promis hier soir, sur les cinq heures et demi, que je suis allé vous voir chez Monsieur Bordet, avocat, vous avez dû envoyer une sommation à Messieurs Fontana et Cie; aujourd'hui même; sommation les menaçant d'une assignation, si, dans les quarante-huit heures, ils ne m'avaient pas adressé la première épreuve de la huitième feuille de mon *Traité d'astronomie*, dont ils ont entrepris la composition, laquelle, forcément, ils doivent achever dans les premiers jours de mars 1887, afin de pouvoir me livrer les *trois cents volumes* commandés le 15 du même mois, au plus tard.

Naturellement, cher Monsieur, je compte *essentiellement* sur vous, pour leur adresser ladite assignation, mercredi prochain au plus tard, du moment que vous ne recevrez pas contre-ordre de ma part; ce qui sera la preuve qu'ils ne m'auront rien adressé.

Veuillez agréer, cher Monsieur, mes très affectueuses salutations toutes fraternelles, spirituellement parlant.

AUGUSTIN BABIN.

Chez Mme Venot, boulev. de la République, 2, Alger.

P.-S. — Comme je portais la présente à la poste, j'ai reçu votre envoi, contenant votre lettre du 21 cour[t], et celle de Messieurs Fontana et Cie, également du 21 courant. Quant à la demande de *cent cinquante francs*, que vous me faites dans votre lettre, pour commencer les poursuites, je compte vous les porter lundi, dans la journée.

V. t. d. A. B.

Alger, le 21 janvier 1887

Monsieur Babin, Alger

Monsieur,

J'ai l'honneur de vous adresser en communication la lettre en réponse de MM. Fontana et Cie. Ils paraissent bien décidés à la lutte judiciaire. Je vais donc, comme je vous le disais à notre dernier entretien, leur faire signifier par exploit d'huissier, une mise en demeure, d'avoir à continuer l'impression de votre manuscrit dans les termes de vos conventions et des usages établis. — Vous voudrez bien me faire remettre une somme de *cent cinquantc francs,* à titre de provision. J'aurai, fort probablement, à constituer un avoué pour la procédure, et il me faut lui avancer une somme suffisante pour ses frais.

Veuillez agréer, Monsieur, mes salutations empressées.

L. HUARD.

Alger, le 21 janvier 1887

Monsieur Léon Huard, avocat à la Cour d'appel, placc Bresson, maison Limozin, Alger

En possession de votre honorée du 19 courant, nous ne pouvons que confirmer ce que nous avons écrit à M. Babin.

Nous n'avons pas accepté l'insertion de nos lettres à la fin de l'ouvrage en question; nous n'avons aucun contrat, et notre demande d'être payés à mesure que le travail s'effectue, n'a rien que de très normal *dans les conditions actuelles.*

Nous serions heureux de voir se terminer cette affaire à l'amiable, malgré les injures déplacées de votre client, auquel, étant donné le respect dû à son âge, nous serions mal venus de répondre sur le ton qu'il a cru devoir prendre envers nous.

Nous maintenons *entièrement* et *absolument* le contenu de nos lettres.

Nous vous remercions personnellement de vos démarches obligeantes et vous prions d'agréer l'expression de nos sentiments distingués.

FONTANA et Cie.

Nota.—Nous ferons remarquer ici, que la demande des Messieurs Fontana et Cie de *soixante francs* (60) par feuille tirée, est non seulement exagérée du double du prix convenu, à très peu près (les travaux supplémentaires n'étant pas compris); mais encore *injuste* et *immorale*, du moment qu'elle nous mettrait dans l'obligation d'acheter un lièvre dans un sac; ce que, certainement, ces dits Messieurs ne voudraient pas consentir à faire eux-mêmes. Au surplus, nous sommes intimement convaincu, que les *usages* et *habitudes*, dans un tel cas, doivent avoir force de loi; d'autant mieux que jamais chose semblable n'a été convenue entre nous. C'est pourquoi nous avons refusé et refusons encore d'accéder à une telle demande qui (nous le répétons) est exagérée, injuste et immorale; tout disposé, naturellement, à accepter, après les travaux entièrement achevés et les 300 volumes livrés et acceptés par nous, à accepter, disons-nous, la décision, à cet égard, d'un tribunal quelconque ou bien, encore, d'arbitres nommés et acceptés par MM. Fontana et Cie et nous.

Après les observations ci-dessus, qui, assurément sont des plus justes et des plus rationnelles, nous ferons remarquer ici, comme nous le disons dans le *P.-S.* de notre lettre du 22 janvier 1887, que nous nous sommes rendu, à peu près à l'heure de midi, chez Monsieur notre avocat (place Bresson, maison Limozin), pour lui porter les *cent cinquante francs* réclamés par lui, dans sa lettre du 21 janvier 1887, dans le but de commencer les poursuites contre MM. Fontana et Cie. Aussitôt notre arrivée, Monsieur Léon Huard, notre avocat, nous dit qu'il était indispensable après la lettre qu'il avait reçu de ces Messieurs (lettre que nous lui remîmes avant de partir), de commencer immédiatement les poursuites. C'est dans ce but, nous dit-il, que, dans ma lettre du 21 courant, je vous ai prié de me faire remettre la somme que vous m'apportez; ce qui va me permettre de me mettre en rapport avec un avoué, afin de commencer immédiatement les poursuites. D'après cela, vous pouvez être assuré que vos intérêts seront sérieusement défendus. Une telle déclaration nous inspirant la plus grande confiance, nous nous retirâmes en lui pressant la main avec toute reconnaissance.

Quant au refus de Messieurs Fontana et Cie d'insérer nos lettres à la fin de l'ouvrage en question, cela *seul* suffit pour prouver que notre opinion, à l'égard des leurs, a absolument sa raison d'être. Cela, assurément est, il faut en convenir, peu flatteur pour ces Messieurs. Au surplus, en cela, ils sont sages ; car les preuves matérielles qu'elles *sentent mauvais* sont abondantes dans leurs lettres, elles-mêmes, etc.

A. B.

Alger, 27 janvier 1887

A Monsieur Léon Huard, notre avocat

Monsieur,

Hier soir, 26 courant, étant le dernier terme accordé à Messieurs Fontana et Cie, par la *sommation* qu'ils ont dû recevoir le 24 du courant, dans l'après-midi, veuillez, je vous prie, si cette *sommation* n'a pas produit l'effet demandé (c'est-à-dire un entier acquiescement, par lettre adressée à vous-même, à achever consciencieusement la composition de mon ouvrage dont un tiers environ est composé), veuillez, je vous prie, dis-je, les faire *assigner* aujourd'hui même, 27 janvier 1887.

Naturellement, cher Monsieur, je dois vous donner connaissance de ma volonté absolue, en cette circonstance. Cette volonté est celle-ci : c'est que si ces Messieurs continuent à persister, même devant les tribunaux *(qui, assurément, peuvent les y forcer)*, à ne pas vouloir achever les travaux commencés, faire, à cette époque, les réclamations suivantes, toutes exigibles sans modification aucune ; absolument décidé à poursuivre cette affaire jusqu'à ses dernières limites, si cela devient nécessaire. Ces réclamations sont celles-ci :

1° Le remboursement des 400 francs que nous leur avons avancé de notre propre gré, sur les travaux qu'ils nous avaient entrepris.

2° La restitution de la partie de notre volume manuscrit (y compris un supplément) non composée, plus tous les *Bons à tirer* que nous avons donné, comprenant les feuilles 1 à 7 de la partie composée, leur abandonnant tout le surplus des dites feuilles...

3° La restitution de tous les clichés (sans exception)que nous leur avons confié et dont ils doivent nous garantir la *non déterioration*; tous ces clichés (sauf les deux de notre portrait) étant absolument neufs, c'est-à-dire n'ayant pas encore servi.

4° La collection complète de tous nos écrits, que, primitivement, nous leur avons donné à la condition expresse qu'ils feraient la composition de notre volume, dont un tiers seulement est composé...

5° Enfin, comme indemnité pour le préjudice considérable qu'ils nous font éprouver, leur réclamer la somme de *six cents francs* (600), qui, dans une semblable circonstance, nous est légitimement due et que que nous voulons *tout entiere,* ou sinon nous exigeons *(ce qui est notre droit tout à fait obsolu)* que les travaux entrepris s'accomplissent *entièrement;* tout disposé à leur accorder, pour la livraison des trois cents volumes commandés, un mois supplémentaire, si cela est indispensable.

Veuillez agréer, cher Monsieur Huard, mes très affectueuses salutations.

Augustin BABIN.

P.-S. — Je n'ai rien reçu jusqu'à ce moment actuel, 27 janvier, huit heures du matin. Au surplus, recevrais-je la première épreuve de la 8me feuille, cet envoi ne pourrait avoir aucune valeur, du moment que ces Messieurs ne vous auraient pas adressé une lettre d'*acquiescement complet* à achever, consciencieusement, la composition de mon volume et puis, ensuite, la livraison des trois cents volumes commandés, soit à l'époque convenue ou prolongée d'un mois, si cela est indispensable.

V. t. d. A. B.

Alger, le 30 janvier 1887

A Monsieur Léon Huard, avocat à la Cour d'appel d'Alger

Monsieur,

Le 27 du courant, j'ai eu l'honneur de vous adresser une lettre importante, qui, certainement, méritait une réponse. Cette lettre commence ainsi :

« Hier soir, 26 du courant, étant le dernier terme accordé à MM. Fontana et Cie, par la *sommation* qu'ils ont dû recevoir le 24 courant, dans l'après-midi, veuillez, je vous prie, si cette *sommation* n'a pas produit l'effet demandé (c'est-à-dire un *entier acquiescement*, par lettre adressée à vous-même, à achever consciencieusement la composition de mon ouvrage dont un tiers environ est composé), veuillez, je vous prie, dis-je, les faire *assigner* aujourd'hui même, 24 janvier 1887, etc., etc. »

Aujourd'hui, 30 janvier 1887, j'ai l'honneur de vous donner l'avis suivant : c'est que si l'*assignation* en question, n'a pas été envoyée à ces Messieurs, dans l'un des trois derniers jours de la semaine derniére, je suis, forcément, dans l'obligation de vous retirer toutes les pièces que je vous ai confié.

D'après cela, Monsieur, je compte sur vous *(si, malheureusement, ce fait excessivement regrettable s'est produit)* pour tenir à ma disposition les pièces en question, pour demain matin, entre onze heures et demie et midi, heure à laquelle je compte aller vous voir.

Veuillez agréer mes respectueuses salutations.

AUGUSTIN BABIN.

Chez Mme Venot, boulev. de la République. n° 2, Alger.

NOTA. — Le lundi, 31 courant, nous étant rendu, à 11 h. 3/4 environ, chez M. Huard, notre avocat, nous avons appris avec une grande satisfaction, que s'il ne nous avait pas écrit, c'est parce qu'il avait été obligé de faire une absence de deux jours, pour une affaire importante; mais que, malgré cela, notre affaire était en bon chemin, du moment que ces Messieurs étaient assignés à comparaître devant le Tribunal de Commerce pour aujourd'hui même, non pas, pour être plaidée, mais pour être classée à son rang d'ordre. Pour le moment, notre présence n'étant pas indispensable, nous ne nous y sommes pas transporté; ce que nous ferons, forcément, lorsque la plaidoirie aura lieu, malgré que M. L. Huard, notre avocat, nous ait dit que cela n'était pas nécessaire.

Alger, 5 février 1887

A Monsieur Léon Huard, notre avocat

Monsieur,

Il est absolument impossible que les choses continuent à se passer ainsi ; car voici 15 jours aujourd'hui, que (d'après votre demande du 21 janvier dernier) je vous ai porté 150 francs, pour commencer les poursuites contre MM. Fontana et Cie, et je n'ai encore reçu aucune copie de la *sommation* et *assignation* adressées à ces Messieurs ; de plus, je ne connais même pas encore le nom de l'avoué que vous avez dû me choisir. Tous ces renseignements, cependant, me sont légitimement dûs, d'autant mieux que cela était convenu entre nous.

Veuillez donc, je vous prie, Monsieur, avoir l'obligeance de m'adresser les deux copies en question, et de me dire, en même temps, le nom de mon avoué et quand vous pensez que mon affaire sera plaidée devant le Tribunal de commerce; puisque c'est le tribunal que vous avez choisi, contrairement à votre premier avis.

En terminant la présente, je crois devoir vous rappeler, Monsieur, que mon intention formelle est de poursuivre cette affaire jusqu'à ses dernières limites, et que je compte essentiellement sur vous pour agir en conséquence.

Aujourd'hui, Monsieur, après les *sérieux engagements* que vous avez pris avec moi, mon affaire doit être, pour vous, *une affaire d'honneur*, que je vous crois absolument incapable d'enfreindre.

Veuillez agréer, Monsieur, mes respectueuses salutations.

AUGUSTIN BABIN.

Alger, le 6 février 1887

Monsieur Babin, en ville

Monsieur,

Je reçois à l'instant votre lettre du 5 courant. Il est, je crois, inutile de correspondre avec moi par lettre chargée, tout autre moyen serait aussi bon, plus simple et moins dispendieux.

Je ne puis vous adresser la copie de l'assignation. Cet acte est déposé aux greffes du Tribunal de Commerce comme placet. Je n'en possède pas de double.

Vous me demandez le nom de l'avoué constitué dans votre affaire. Je n'en ai pas eu besoin, l'action étant commerciale et leur ministère n'étant pas nécessaire devant cette juridiction.

Il en eut été autrement si l'affaire eut été portée devant le Tribunal civil, conformément à ma première idée.

J'ai choisi la juridiction commerciale, pour agir avec plus de rapidité.

Votre procès sera fort probablement plaidé mardi prochain.

Il figurait au rôle de samedi, sous le n° 333. Il a été renvoyé à la section du mercredi, sur la demande de M. Chambon, mon adversaire.

Je vous adresse mon lot d'audience du samedi, 5 février courant. Vous pourrez y voir votre affaire y figurer, sous le numéro indiqué.

Veuillez agréer, Monsieur, mes salutations empressées.

L. HUARD.

Alger, le 7 février 1887

A Monsieur Léon Huard, mon avocat

Monsieur,

Hier soir, vers les 6 heures, j'ai reçu votre lettre du 6 courant, au commencement de laquelle vous me faites un reproche que je vous prie de m'excuser et que je ne mériterai plus à l'avenir, du moment que cela a pu vous déplaire. Seulement, je vous ferai remarquer, que le motif qui m'a engagé à en agir ainsi : c'est que c'était uniquement pour vous faire comprendre que j'attachais une très grande importance à ma lettre.

Merci, cher Monsieur, pour l'espoir que vous me donnez de la *très prochaine plaidoirie de mon procès devant le Tribunal de Commerce.* Merci, également, pour l'envoi que vous m'avez fait, inclus avec la lettre sus-désignée; lequel envoi je vous retournerai mardi prochain, sur les onze heures trois quarts, au plus tard, dans le cas où vous pourriez en avoir besoin.

Quant à l'assignation, dont vous ne pouvez pas me donner de copie, elle doit forcément demander la fin des travaux commencés, et, ensuite, la recomposition (aux frais de ces Messieur) des feuilles tirées sur papier défectueux (dans ce cas, les lettres en question ne figureront pas à la fin de l'ouvrage à composer); tout en refusant de la manière la plus absolue la coupable et absurde demande de ces dits Messieurs, laquelle fait vraiment pitié, tellement elle est irrationnelle. En effet, Messieurs les auteurs d'écrits quelconques seraient, dans ce cas, vraiment plus exposés que les voyageurs, jadis, dans la forêt de Bondy Car, enfin, dans ce dit cas, qui empêcherait Messieurs les imprimeurs de mauvaise foi (heureusement il y en a peu) de détériorer, soit avant ou pendant le tirage, la composition de la feuille portant le Bon à tirer, etc., etc. Une telle prétention, je le répète, ne peut inspirer que de la pitié, et, positivement, n'a aucunement sa raison d'être.

En attendant le plaisir de vous voir, veuillez agréer, cher Monsieur, mes respectueuses salutations.

Augustin BABIN.

Alger, le 16 février 1887

Cher Monsieur Huard,

Pour peu que le Tribunal de Commerce d'Alger, hésite à juger mon affaire contre MM. Fontana et Cie, veuillez, *je vous en supplie*, la retirer du dit Tribunal pour la porter immédiatement devant le Tribunal civil; ainsi que cela aurait dû être fait primitivement.

Alors, dans ce cas, je vous serai très reconnaissant de me choisir un avoué, à votre convenance, pour pouvoir poursuivre cette affaire le plus promptement possible et dans les conditions voulues et exigées par la loi, sans faire de demandes par trop exagérées; ce qui me répugne énormément et n'aura plus son *utilité forcée*, la poursuite se faisant devant le Tribnnal civil.

Dans le cas, Monsieur, ou un supplément d'argent vous serait nécessaire pour agir en cette circonstance, je me tiens à votre disposition pour vous le porter aussitôt que vous me l'aurez fait connaitre.

Veuillez agréer, cher Monsicur, mes sympathiques salutations.

AUGUSTIN BABIN.

P.-S. — Malgré la promesse que je vous ai faite dans ma précédente du 7 courant, je suis forcément dans l'obligation, Monsieur, de recommander la présente, à cause de son extrême importance; recommandation, du reste, qui ne peut vous blesser en aucune manière, du moment que c'est une sûreté de plus pour qu'elle vous parvienne plus tôt et plus sûrement.

V. t. d. A. B.

Alger, le 18 février 1887

A Monsieur Léon Huard, mon ex-avocat

Monsieur,

Votre déplorable conduite à mon égard (voilà dix jours aujourd'hui, que vous ne m'avez donné aucune nouvelle de mon procès contre MM. Fontana et Cie; cependant, à notre dernière entrevue du 8 courant, vous m'aviez promis de me renseigner de temps en temps, à cet égard), cette conduite, Monsieur (je le répète), est tellement déplorable, que je prends, actuellement, la décision suivante, *laquelle est irrévocable:* c'est que, à partir de ce jour, 18 février 1887, *je renonce absolument à vous comme avocat dans mon affaire contre Messieurs Fontana et Cie, et je déclare vous retirer, entièrement, les pleins pouvoirs que je vous ai donné pour poursuivre ces dits Messieurs.*

D'après cela, Monsieur, *veuillez considérer ma précédente du 16 courant, comme étant complétement nulle*; car, je vous défends expressément de vous occuper, en mon nom, de mon sus-dit procès, à l'avenir.

Quant aux pièces que je vous ai confiées le 17 janvier 1887, je compte aller vous les réclamer demain, sur les onze heures 3/4 environ, étant formellement décidé à vous les faire réclamer par huissier, si vous ne les tenez pas à ma disposition à cette époque. Ces pièces sont les suivantes :

1° Mon cahier manuscrit, comprenant les pleins pouvoirs que je vous avais donné et qui, actuellement, vous sont complètement retirés; plus trois copies de lettres de MM. Fontana et Cie, y compris les miennes adressées à ces dits Messieurs.

2° Les sept premières feuilles de mon *Traité d'astronomie,* dont six feuilles sont cousues ensemble et la septième isolée.

3° Quant aux autres pièces, comprenant les lettres que je vous ai adressées, y compris celle du 30 janvier 1887, que MM. Fontana et Cie vous ont adressée à cette époque et dont j'ai une copie exacte, etc., libre à vous de les garder, du moment qu'elles ne me sont d'aucune utilité.

Quant aux 150 francs que je vous ai comptés le 24 janvier 1887, vous pourrez retenir, Monsieur, sur cette somme, les honoraires que vous jugerez à propos de me réclamer, pour le *préjudice considérable* que vous m'avez occasionné; pour lesquels honoraires vous me donnerez un reçu. En me remettant le surplus, je vous remettrai moi-même le reçu que vous m'avez donné des 150 francs sus-désignés.

J'ai l'honneur de vous saluer.

AUGUSTIN BABIN.

Chez Mme Venot, boulev. de la République, 2, Alger.

NOTA. — Le lendemain, 19 du courant, nous sommes, en effet, allé voir M. L. Huard, à sa demeure, place Bresson, à l'heure indiquée dans la lettre ci-dessus. Une fois entré dans son cabinet, Monsieur L. Huard nous a dit d'un ton sec: Qu'est-ce que vous voulez?

Vous le savez bien, lui répondîmes-nous, ce sont mes piéces que je viens vous réclamer. Parfaitement, dit-il, et ensuite ouvrant son portefeuille, il réunit les pièces que nous lui avions confiées le 17 janvier 1887, plus la lettre que MM. Fontana et Cie lui avaient adressée le 21 janvier 1887. Aussitôt nous lui remimes un accusé réception des dites piéces, inscrit sur le dos d'une de nos cartes de visite; que nous avions préparé d'avance.

Puis, ensuite, la question d'argent étant survenue, il prit une feuille de papier et sa plume pour faire le calcul de ce qu'il avait à me réclamer. Les deux premiers articles de sa note furent inscrits en les murmurant d'une voix inintelligible. Pour le troisième, sa voix se modifia et nous entendîmes : honoraires, 200 francs. — Comment, lui dîmes-nous, vous réclamez 200 francs pour vos honoraires.—Mais, oui, dit-il.—Ah! s'il en est ainsi, lui répondîmes-nous, en nous préparant à partir, cette affaire sera réglée devant les tribunaux; puis, ensuite, nous partîmes aussitôt.

A. B.

Alger, le 18 février 1887

Monsieur Babin, en ville

Monsieur,

Votre lettre du 18 courant m'a fait sourire à premiére lecture, et m'a peinée après réflexion, car je me suis aperçu qu'elle ne pouvait émaner que d'un cerveau malade.

Les griefs que vous articulez pour me retirer votre confiance sont absolument ridicules.

Votre affaire est au rôle commercial depuis le 31 janvier dernier Elle a subi deux renvois ordonnés par le Tribunal lui-même, en raison du grand nombre d'affaires qui venaient à plaider avant la vôtre. Elle eût été plaidée mercredi prochain, selon toutes probabilités.

Il n'y a donc aucune faute, aucune négligence de ma part.

Je ne vous ai pas écrit depuis 10 jours. Où est le mal. Vous connaissez le chemin de mon cabinet, les heures où je suis visible. Vous avec craint de vous déranger. Tant pis pour vous. Que vous aurais-je dit, du reste. Rien de nouveau. N'ayant rien à vous dire, je ne vous ai rien écrit.

Vos pièces, votre dossier entier, tout ce que vous m'avez confié, en un mot, je le tiens à votre disposition.

Vous voudrez bien en retour me régler mes frais et honoraires, en déduction desquels viendra la somme de cent cinquante francs que vous m'avez versée.

Agréez, Monsieur, mes salutations.

L. HUARD.

Nota. — Cette lettre, datée du 18 février 1887, ne nous a été remise que le lendemain dans la soirée ; aussi, en avions nous aucunement connaissance, lorsque nous sommes allé retirer notre dossier, entre onze heures et midi, le 19 février 1887.

Alger, le 22 février 1887.

A Monsieur Léon Huard , avocat

Monsieur,

A la fin de votre lettre du 18 courant, vous me faites une réclamation qui n'a pas sa raison d'être, vu son exagération et la conduite *que vous avez tenue*. En effet, le 17 janvier 1887, je vous ai confié les piéces de mon procès, dans lesquelles je vous donnai mes *pleins pouvoirs* pour poursuivre devant les tribunaux MM. Fontana et Cie, afin de les contraindre par voie judiciaire, à achever les travaux commencés de mon Traité d'astronomie, dont ils m'ont entrepris la composition.

Plus tôt que d'*obtempérer aux dits pleins pouvoirs*, vous avez jugé à propos d'user de conciliation qui n'a pas pu aboutir et qui vous a forcé, ensuite, à me demander 150 francs pour me procurer un avoué et poursuivre ces dits Messieurs, en leur adressant une *sommation* et 48 heures après une *assignation* (ce qui n'a pas eu lieu) devant le Tribunal de Commerce; malgré qu'il avait été primitivement convenu entre nous deux, que cette poursuite devait se faire devant le Tribunal civil. Conclusion à tirer de ce qui précède...

Ces conclusions, pour moi, Monsieur, ont été celles-ci : c'est que vos préférences penchant plus tôt du côté de Messieurs mes adversaires que du mien, j'ai cru prudent de vous sommer, par lettre du 18 courant, à me remettre mes pièces le lendemain 19, lors de mon arrivée chez vous sur les onze heures trois quarts environ. Ce qui, en effet, a eu lieu; du moins, pour celles que je vous ai confiées, y compris celle que MM. Fontana et Cie vous ont adressée le 21 janvier 1887. Quant aux autres, vous les avez gardées; ne jugeant pas à propos de vous les réclamer.

Veuillez me dire, maintenant, Monsieur, après les faits sus-désignés, si c'est un acte de moralité que vous accomplissez, en me réclamant par lettre du 18 courant, pour vos honoraires, une somme qui (je le répète) n'a pas sa raison d'être.

Quant à votre insultante lettre sus-désignée, ma première pensée, Monsieur, a été de m'en servir comme d'une serviette de cabinet inodore; mais, ensuite, j'ai pensé qu'il valait mieux la conserver.

J'ai l'honneur de vous saluer.

AUGUSTIN BABIN.

Boulevard de la République, 2, Alger.

FIN DE LA PREMIÈRE PARTIE

SECONDE PARTIE

AVIS

Dans cette seconde partie, il sera fait mention de l'extrême immoralité du Tribunal de Commerce d'Alger, lequel a mis toutes les entraves possibles pour qu'aucun jugement définitif ne puisse se prononcer dans notre affaire contre MM. Fontana et Cie, imprimeurs, 27, rue d'Orléans, Alger, cherchant, positivement, à nous décourager, au point même de nous faire renoncer à toute poursuite; ce que nous avons été sur le point de faire quelques jours avant notre départ d'Alger, et ce que, heureusement pour nous, nous avons pu éviter par l'intermédiaire d'un véritable ami, Monsieur Déchaut, journaliste-publiciste, qui nous a fait faire la connaissance de Monsieur Edouard Castelli, agent d'affaires, rue du Carrefour, 6, Alger; lequel, accompagné de Monsieur Déchaut sus-désigné, nous a fait l'honneur de venir nous voir, le 24 février 1888, c'est-à-dire, la veille de notre départ d'Alger, et puis, ensuite, nous a donné la plus grande preuve possible de réelle amitié, en acceptant notre dossier, après en avoir pris connaissance; tout en nous promettant de prendre sérieusement notre défense...

Nota.—A partir du 18 février 1887, nous nous sommes trouvé dans une pénible position, ignorant complètement (vu la très grande influence de Messieurs nos adversaires) a qui nous pouvions nous adresser avec toute confiance, pour prendre sérieusement notre dèfense.

Après de nombreuses recherches, nous nous sommes, enfin, décidé à choisir pour notre défenseur, Monsieur Malarmé, avocat et ancien bâtonnier, auquel nous sommes allé porter notre dossier, le 23 février 1887; lequel dossier contenait un *plein pouvoir* l'autorisant à poursuivre nos adversaires par devant le Tribunal civil. Monsieur Malarmé, nous demanda, alors, à garder le dit dossier jusqu'au dimanche suivant, 27 du courant, pour pouvoir l'examiner avec le plus grand soin; ce que nous lui accordâmes sans difficulté.

Le 27 du courant sus-désigné, étant allé, à l'heure désignée par lui, le voir à son cabinet ; la *seule observation* qu'il nous fit alors fut celle-ci : *J'ai pris connaissance de vos piéces que voici, dans lesquelles je n'ai vu aucune matière à procès ; du moment que ces Messieurs vous offrent de vous rembourser les quatre cents francs que vous leur avez compté et de vous rendre tout ce que vous leur avez confié, prenant à leur charge les travaux accomplis.*

Stupéfait d'entendre une telle manière de voir, nous

en fûmes, positivement, tout interdit. Cependant, aprés un moment de réflexion, nous répondîmes à Monsieur Malarmé : Alors, Monsieur, vous admettez qu'un imprimeur peut garder pendant plusieurs mois, un *manuscrit d'auteur*, faire un quart ou un tiers (comme cela existe pour moi) de sa composition, et puis avoir le droit de dire à cet auteur, sans qu'il puisse réclamer aucune indemnité : depuis que nous avons entrepris la composition de votre manuscrit, nous avons changé d'avis, nous ne voulons plus le continuer, nous vous rendons votre dit manuscrit et vous pouvez en faire ce que bon vous semblera.

A cette observation de notre part, Monsieur Malarmé nous répondit : Que voulez-vous que je vous dise, je vous ai fait connaître ma manière de voir et je ne pense pas qu'un tribunal quelconque juge votre affaire autrement que je viens de vous le dire. *Ces Messieurs vous offrent de vous rembourser les quatre cents francs que vous leur avez compté et de vous remettre tout ce que vous leur avez confié, prenant à leur charge les travaux accomplis; vous ne pouvez rien leur réclamer de plus.*

Une telle persistance dans cette manière de voir, nous froissa et nous dimes aussitôt à Monsieur Malarmé, que, du moment que les choses se passaient ainsi, nous étions formellement décidé, dans le but d'obtenir une satisfaction morale (la justice matérielle nous faisant défaut), de faire paraître une Brochure faisant connaître, *purement et simplement*, tous les faits se rapportant à notre procès contre MM. Fontana et Cie; laquelle Brochure sera tirée à 600 axemplaires et adressée gratuitement aux principales Bibliothèques de la France et de l'Algérie, y compris un grand nombre de Tribunaux français et algériens.

Aussitôt cette communication faite à Monsieur Malarmé (qui l'écouta sans rien dire), nous prîmes nos pièces qui se trouvaient sur son bureau en face de nous et lui demandâmes ce qu'il exigeait pour sa consultation. A notre grande surprise, nous ayant répondu qu'il ne demandait rien, nous le *remerciâmes infiniment ;* puis, ensuite, nous le saluâmes et sortîmes aussitôt.

Froissé et fatigué par toutes les difficultés que nous éprouvions pour forcer MM. Fontana et Cie, imprimeurs, rue d'Orléans, 27, Alger, à remplir leur engagement, nous nous décidâmes à leur écrire la lettre suivante, le 3 mars 1887.

Alger, le 3 mars 1887

A Messieurs Fontana et Cie, Imprimeurs

Messieurs,

Vu les conditions dans lesquelles nous nous trouvons, j'ai l'honneur de vous annoncer, que si tous les objets désignés dans les quatre numéros suivants, ne me sont pas renvoyés sous trois ou quatre jours au plus tard (faire connaître le jour et l'heure du renvoi), chez Mme Venot, ma propriétaire, je suis formellement décidé à vous les faire réclamer par un huissier, qui, alors, sera seul chargé de les recevoir. Ces objets sont les suivants :

1° Le remboursement des *quatre cents francs* que je

vous ai compté le 11 décembre 1886, en échange du reçu que vous m'avez donné à cette époque.

2° La restitution de mon volume manuscrit, y compris un supplément contenant vingt accusés réception de Bibliothécaires à qui j'ai adressé tous mes écrits en 1885.

3° La restitution de tous mes clichés, au nombre de 18, y compris mes deux portraits et la figure géométrique de la page 30 de mon dit volume manuscrit. Tous ces clichés (moins mes deux portraits) étant absolument neufs, vous êtes naturellement garants de leur *non détérioration*.

4° La restitution de la *Collection générale* de tous mes écrits, que je vous ai donnés *conditionnellement*. De ma part, *cette réclamation est absolue.*

Quant aux sept premières feuilles tirées à 300 exemplaires, je refuse absolument de les recevoir; du moment qu'elles me sont complètement inutiles.

Naturellement, défense absolue vous est faite de reproduire quoi que ce soit de mon volume manuscrit, tant que mon *Traité d'astronomie* n'aura pas été composé par une autre imprimerie.

J'ai l'honneur de vous saluer.

Augustin BABIN.

Nota. — Hier, 7 mars 1887, était le dernier jour accordé à MM. Fontana et Cie, rue d'Orléans, 27, Alger, pour m'envoyer *tous les objets, sans exception d'aucun*, réclamés par moi dans ma lettre du 3 mars 1887. Cet envoi ne m'ayant été fait, j'ai prié et chargé M. Mertz, huissier, galerie Malakoff, de leur adresser aujourd'hui même, 9 mars 1887, une sommation leur accordant jusqu'à vendredi prochain, 11 courant, pour me faire l'envoi sus-désigné.

Quant à la somme de *quatre cents francs* dont je demande le remboursement (cette somme a été comptée le 11 décembre 1886, comme avance sur les travaux à accomplir), du moment que leur conduite me force à renoncer à la composition de mon ouvrage; cette demande est *mon droit absolu*, d'autant mieux que, dans leur lettre du 30 décembre 1886, ces Messieurs m'ont offert ce remboursement, tout en gardant pour eux la perte du travail effectué. Au surplus, la non exécution des travaux commencés, suffit grandement pour m'autoriser à exiger ce dit remboursement...

Concernant la sommation sus-désignée, faute par eux d'obtempérer à la dite sommation d'ici le 11 courant, leur adresser le lendemain 12 mai 1887, une assignation à comparaître devant le Tribunal civil, pour s'entendre condamner à restituer toutes les réclamations faites dans ma lettre du 3 mars 1887, y compris en plus une indemnité de *six cents francs*, pour le préjudice considérable que leur conduite m'a occasionné et m'occasionnera de nouveau.

Si, dans ma lettre du 3 mars sus-désignée, je n'ai pas fait mention de cette indemnité qui m'est légitimement due, c'était uniquement dans le but d'en finir le plus tôt possible avec cette triste affaire, rendue vilaine par leur déplorable conduite.

Cette opinion, qui m'est personnelle, sera (j'en ai l'intime conviction) partagée par tous les membres du dit Tribunal civil.

En chargeant Monsieur Mertz, huissier, d'adresser une sommation à MM. Fontana et Cie, imprimeurs, rue d'Orléans, 27, Alger, nous lui avons donné les renseignements suivants, lesquels sont ceux-ci : dans la dernière quinzaine de novembre 1886, donné à composer un *Traité d'astronomie* devant contenir environ 350 pages et tiré à 300 exemplaires.

Le 11 décembre suivant, avancé à ces Messieurs, sur les travaux à faire, la somme de *quatre cents francs*, étant convenu entre nous que le surplus serait payé une fois tous les travaux entièrement achevés, livrés et acceptés par moi, ce qui devait avoir lieu le 15 mars 1887, au plus tard.

Le 8 janvier 1887, refus de ces Messieurs de continuer les travaux commencés; ce qui a occasionné un procès qui n'a pas jusqu'à ce jour pu aboutir, à cause de la déplorable conduite de l'avocat que nous avions choisi et à qui nous avons été dans l'obligation de lui retirer nos pièces, le 19 février 1887.

Après une attente de 11 à 12 jours, voulant en finir une fois pour toutes, cela, nous a décidé à écrire, à MM. Fontana et C[ia], notre lettre recommandée du 3 mars 1887.

A. B.

Le 10 mars 1887, reçu par l'intermédiaire d'un des clercs de M. Mertz. mon huissier, la pièce suivante, qu'il m'a laissée, après m'en avoir donné lecture.

L'an mil huit cent quatre-vingt-sept et le dix mars,

A la requête de Messieurs Fontana et Cie, imprimeurs, demeurant à Alger, rue d'Orléans, 27, élisant domicile en leur demeure.

Signifie et déclare au sieur Augustin Babin, rentier, demeurant à Alger, chez Mme Venot, boulevard de la République, n° 2, à Alger, en son domicile où étant et parlant à sa personne.

Que les réquérants offrent de lui remettre immédiatement : 1° Le manuscrit de son volume, y compris un supplément contenant vingt accusés de réception des Bibliothécaires aux quels le dit Babin a adressé tous ces écrits en 1885.

2° Tous les clichés au nombre de dix-huit, y compris les deux portraits du dit Babin et la figure géomètrique de la page 30.

3° La collection générale des ècrits du dit Babin, et cela, bien que celui-ci en ait fait don, ainsi que l'atteste une mention écrite de sa main sur les dits ouvrages.

Le renvoi des dits écrits n'est fait par MM. Fontana et Cie, que pour éviter toutes difficultés avec le dit Babin.

J'ai déclaré en outre à Monsieur Babin protester énergiquement contre le surplus des prétentions énoncées par le sieur Babin dans l'exploit signifié à sa requête le 9 mars 1887, par acte de mon ministère, enregistré.

Lui déclarant que les requérants se réservent le droit de demander au dit Babin tous dommages-intérèts qu'il appartiendra en cas de poursuites vexatoires de la part de ce dernier.

Sous toutes réserves.

Et je lui ai, parlant comme dessus, laissé cette copie.

Coût cinq francs 45 centimes.

Timbre et copie une feuille de 60 centimes.

A. MERTZ.

Le lendemain, 11 mars 1887, sur les dix heures du matin, écrit la lettre suivante à M. A. Mertz, huissier des deux parties opposées.

Alger, le 11 mars 1887

A Monsieur A. Mertz, huissier

Monsieur,

D'après la pièce que vous m'avez envoyée par un de vos clercs; pièce dans laquelle ces Messieurs se refusent absolument de me rembourser les 400 francs réclamés par moi, d'une manière absolue, il est tout à fait inutile que je me présente à votre étude aujourd'hui 11 courant, comme cela était convenu; car je refuse absolument de revérifier les objets désignés dans la dite pièce, *ce qui serait, dans le cas contraire, paraître les accepter*. Quant à leur énumération, elle est exacte. D'après cela, Monsieur, veuillez donc avoir l'extrême obligeance de m'envoyer aujourd'hui même, *à l'heure que vous jugerez à propos*, la copie de la sommation, dans les conditions convenues entre nous, afin que je puisse faire les démarches voulues pour *assigner* le plus tôt possible ces dits Messieurs par devant le Tribunal civil, en leur adressant une assignation *réelle* et *légale*.

Veuillez agréer mes respectueuses salutations.

AUGUSTIN BABIN.

Copie de la sommation adressée le 9 mars 1887 à MM. Fontana et Cie, Imprimeurs

L'an mil huit cent quatre-vingt-sept, le neuf mars.

A la requête de M. Augustin Babin, rentier, demeurant à Alger, chez Mme Venot, boul. de la République, n° 2, élisant domicile en sa demeure.

J'ai, Victor-Alexandre Mertz, huissier près la Cour des tribunaux d'Alger, y demeurant, 11, galerie Malakoff, soussigné.

Rappelé à MM. Fontana et Cie, imprimeurs, associés, demeurant à Alger, en leur domicile, où étant et parlant à Monsieur Fontana.

Que dans le courant de la deuxième quinzaine du mois de novembre 1886, le requérant leur a donné à composer un Traité d'astronomie, devant contenir 350 pages, pour être tiré à 300 exemplaires.

Qu'à cet effet, il leur a remis, pour effectuer les travaux nécessités par son traité :

1° Le manuscrit de son volume, y compris un supplément contenant vingt accusés réception de Bibliothécaires aux quels il a adressé tous ses écrits en 1885.

2° Tous ses clichés, au nombre de 18, y compris deux portraits et la figure géométrique de la page 30 de son dit volume manuscrit. Tous ces clichés, moins les deux portraits, étant absolument neufs, les sieurs Fontana et C^fe sont naturellement garants de leur *non détérioration.*

3° La collection générale de tous ses écrit qu'il leur a donné *conditionnellement.*

4° Une somme de quatre cents francs à valoir sur les travaux à faire.

Qu'il était convenu entre eux qne le surplus du prix des travaux serait payé, lorsque ceux-ci seraient complétement achevés, livrés et acceptés par le requérant, ce qui devait avoir lieu le quinze mars 1887, au plus tard.

Que le 8 janvier 1887, les sieurs Fontana et C^fe refusèrent de continuer les travaux commencés, refus qu'ils ont toujours maintenu depuis cette époque.

Que depuis, le 3 mars 1887, le requérant n'a pu obtenir la restitution tant des manuscrits, clichés, collection par lui remis, que des quatre cents francs qu'il a versés aux sieurs Fontana et C^fe.

Que désirant anjourd'hui terminer complètement cette affaire, il fait, par les présentes, sommation aux dits sieurs Fontana et Cie d'avoir vendredi prochain, onze mars courant, à 2 heures précises du soir, à lui remettre chez moi, en mon étude galerie Malakoff, 11, à Alger, où le requérant sera présent, tous les manuscrits, clichés, collection sus-analysés, et ce en bon état; ainsi que la somme de quatre cents francs.

Leur déclarant que faute par eux de ce faire, le requérant se pourvoira comme de droit pour les y contraindre et réclamer tels dommages et intérêts que de raison.

Pour les plus amples réserves.

Et je leur ai, à domicile et parlant comme dessus, laissé copie du présent sur une feuille de soixante centimes.

Coût : cinq francs 45 centimes.

A. MERTZ.

Le 14 mars 1887, accompagné de l'un des clercs de M. Mertz, huissier, galerie Malakoff, Alger, nous sommes allé ensemble chez M. Basset, avoué consultant, boul. de la République, n° 11, Alger, pour lui offrir mes pièces se rapportant à mon procès contre MM. Fontana et Cie. Ces pièces, au nombre de quatre, sont les suivantes :

1° Mon cahier manuscrit contenant toute ma correspondance avec les sus-désignés et M. L. Huart, avocat à la Cour d'appel d'Alger.

2° Les sept premières feuilles de mon *Traité d'astronomie* donné à composer, feuilles imprimées sur deux papiers différents.

3° Une copie de la sommation adressée le 9 mârs 1887, à MM. Fontana et Cie, par M. Mertz, huissier.

4° Un acte d'huissier, de la part de ces Messieurs; lequel acte m'a été adressé le 11 mars 1887...

Une fois rentré dans l'étude de M. Basset, je lui donnais connaissance du motif de ma visite, en lui offrant les pièces sus-désignées. Après avoir longtemps hésité (hésitation due sans doute à la grande influence de MM. Fontana et C[fe]), Monsieur Basset se décida enfin à accepter mes pièces; tout en me demandant *cent francs*, pour commencer immédiatement les poursuites, somme que je lui ai comptée aussitôt, tout en lui offrant *cinquante francs* de plus, qu'il a refusés alors, en me disant que *cent francs* étaient suffisants pour le moment.

Le 23 mars 1887, n'ayant reçu aucun avis de M. Basset, mon avoué consultant, j'ai cru devoir lui écrire la lettre suivante, pour l'engager à poursuivre mon affaire le plus promptement possible. Cette lettre est celle-ci :

Alger, le 23 mars 1887

A Monsieur Basset, boul. de la République, n° 11, Alger

Monsieur,

Le 14 mars 1887, en vous confiant mes pièces se rapportant à mon procès contre MM. Fontana et Cie, lesquelles pièces, après une grande hésitation, vous avez eu l'obligeance d'accepter, y compris une somme de 100 francs que, sur votre demande, je vous ai compté ce dit jour, tout disposé à vous en compter davantage, si cela etait nécessaire, en vous confiant, dis-je, les pièces en question, je vous ai témoigné le grand désir que j'avais alors (désir qui n'a fait qu'augmenter depuis), que ces Messieurs soient assignés devant un tribunal quelconque (1).

J'aime à espérer, cher Monsieur, que, depuis cette époque, vous avez dû obtempérer à mon grand désir, et que mon affaire doit être classée actuellement. Dans le cas contraire, je vous supplie d'avoir l'extrême obligeance de faire en sorte qu'elle soit classée le plus tôt possible.

En toute franchise, Monsieur, je dois vous dire ici : que du moment que vous refuseriez de satisfaire à ma juste demande, je me verrais dans la triste obligation de renoncer définitivement au remboursement des *quatre cents francs* en question et de retirer immédiatement les objets déposés par MM. Fontana et Cie, chez M. Mertz, huissier, galerie Malakoff, Alger. Naturellement, dans ce cas, l'abandon des *quatre cents francs* serait purement et simplement une *aumône*, que je ferais à ces dits Messieurs.

Alors, dans un tel cas, je crois devoir vous annoncer, cher Monsieur, que je me déciderai à quitter définitivement l'Algérie pour retourner en France, et cela, dans les premiers jours du mois de juin prochain; malgré le trés grand désir, cependant, que j'avais d'y finir mon existence actuelle. La preuve évidente de ce grand désir : c'est que, dans la premiére quinzaine de décembre 1886, j'ai adressé à Monsieur le Maire de la ville d'Alger, une copie de mon dernier *testament olographe*, daté du

(1) Voir cette assignation à la suite du *jugement provisoire*.

2 décembre 1886, dans lequel je fais *un don de quinze mille francs* aux Ecoles civiles, y compris le *Bureau de bienfaisance* de la dite ville d'Alger, *don* que, dans le cas regrettable sus-désigné, je serai forcément dans l'obligation d'annuler aussitôt mon arrivée en France.

Cher Monsieur, autant dans l'intérêt des dites Ecoles et des *indigents* de la ville d'Alger, que de mes propres intérêts, j'aime à espérer que vous voudrez bien avoir l'extrême obligeance de satisfaire à mon très grand désir, celui de faire *assigner* MM. Fontana et Cie le plus tôt possible, si toutefois cela n'est pas déjà fait.

Veuillez m'excuser, Monsieur, la liberté que je prends de vous écrire; mais j'attache une telle importance à l'affaire en question, que j'ai cru de mon devoir de vous l'adresser, tant à cause du grand désir que j'ai de finir mes jours à Alger, que *dans l'intérêt des indigents et des Ecoles civiles de la dite ville d'Alger*.

Veuillez agréer, cher Monsieur, mes très respectueuses salutations.

AUGUSTIN BABIN.

Chez Mme Venot, boulev. de la République, 2, Alger.

Aujourd'hui, 25 mars 1887, reçu de Monsieur Basset, mon avoué, la lettre suivante, datée du 24 courant.

Alger, le 24 mars 1887

Monsieur A. Babin, à Alger

Monsieur,

Votre assignation contre la maison Fontana et Cie a été signifiée et l'affaire sera appelée à l'audience du lundi, 28 mars.

Je serais bien aise de pouvoir, d'ici là, conférer avec vous sur les détails même de l'affaire.

Veuillez agréer, Monsieur, l'assurance de mes sentiments dévoués.

V. BASSET.

Nota. — Le même jour 25 mars 1887, je me suis rendu à l'étude de Monsieur Basset, mon avoué défenseur, qui m'a annoncé que mon affaire devait être appelée le 28 du courant et que, probablement, elle serait plaidée et jugée dans le courant de la semaine prochaine ou la suivante, au plus tard.

Depuis trois mois que je désire obtenir ce résultat, c'est-à-dire une *assignation réelle et légale* adressée à MM. Fontana et Cie, je remerciais chaleureusement Monsieur Basset qui, lui-même, me félicita du *don* que je fais à la ville d'Alger, dans mon testament olographe...

Le 5 juillet 1887, reçue, de Monsieur Basset, mon avoué, la lettre suivante, à laquelle nous n'avons pas jugé à propos de répondre, n'ayant pour le moment aucune observation à faire à l'auteur de la dite lettre, laquelle est celle-ci :

Alger, le 5 juillet 1887

Monsieur Babin, Alger

J'ai l'honneur de vous informer que par jugement du 29 juin, le Tribunal, avant de statuer définitivement sur votre demande contre MM. Fontana et Cie, a nommé M. Casabianca expert.

Je vais faire lever ce jugement pour faire procéder à l'expertise ordonnée.

Agréez, Monsieur, mes salutations empressées.

V. BASSET.

NOTA. -- Jusqu'au 27 juillet 1887, c'est-à-dire vingt-deux jours après avoir reçu la lettre ci-dessus, aucune expertise n'ayant été faite, je me suis décidé à écrire, ce même jour,. la lettre suivante à Monsieur Basset, mon avoué :

Alger, le 27 juillet 1887

A Monsieur Basset, avoué

Monsieur,

Mon affaire contre MM. Fontana et Cie, malgré que son commencement date de la fin de janvier 1887, n'ayant pas été jugée avant les vacances d'août de la même année, je suis formellement décidé à quitter Alger pour retourner en France, aussitôt que le jugement sera prononcé, si le dit jugement ne me rend pas la justice qui m'est légitimement due.

Veuillez agréer, Monsieur, mes respectueuses salutations.

AUGUSTIN BABIN.

P.-S. — Je ne puis attribuer un semblable retard qu'au mauvais vouloir du Tribunal de Commerce d'Alger, ce qui est déplorable. Je vous serai reconnaissant de vouloir bien communiquer la présente, à Monsieur le Président du dit Trîbunal.

V. t. d,

A. B.

Alger, le 28 juillet 1887

Monsieur Babin, à Alger

J'ai l'honneur de vous faire connaître que le Tribunal de Commerce, avant de juger définitivement, avait nommé Monsieur Casabianca, imprimeur, comme expert, avec mission de vérifier s'il y avait eu des nuances diverses de papier, dans les divers fascicules. Il s'agit de faire faire cette petite expertise; ce qui est l'affaire des parties et non du juge. C'est ce que nous allons faire.

Agréez, Monsieur, mes cordiales salutations.

V. BASSET.

Nota. — Le 22 octobre 1887, ayant adressé à Monsieur Basset, avoué, une lettre très importante qui est restée sans réponse jusqu'au 27 du mois suivant, nous lui avons écrit ce même jour la lettre recommandée suivante :

Alger, le 27 novembre 1887

A Monsieur Basset, avoué

Monsieur,

Le 22 du mois dernier, j'ai eu l'honneur de vous adresser, par la poste, la lettre suivante :

« Monsieur,

« Le 14 mars de l'année courante je vous ai confié mes pièces pour prendre ma défénse, dans mon procès contre MM. Fontana et Cie, dont le commencement date du mois de janvier dernier.

« Depuis cette époqûe (14 mars 1887), un plaidoyer a eu lieu, lequel a abouti à une enquête qui a dû se faire avant les vacances.

« Naturellement, Monsieur, aussitôt après les dites vacances, mon affaire, moralement, devait s'appeler l'une des premiéres (quant à l'objection que vous m'avez faite lorsque je suis allé vous voir le 16 du courant, vous conviendrez, Monsieur, qu'elle n'est pas sérieuse, c'est du moins l'effet qu'elle m'a produit), moralement, dis-je, devait s'appeler l'une des premières; ce qui, chose très regrettable, n'a pas eu lieu.

« Aujourd'hui, voilà un mois bientôt que le Tribunal de Commerce a repris ses séances et mon affaire n'est pas encore réglée.

« Si votre intention, Monsieur, est de renoncer à prendre ma défense, pour un motif quelconque qui, positivement, d'après mon humble manière de voir, serait tout à fait déplorable, veuillez m'en donner connaissance.

« J'ai l'honneur, etc., etc. »

Aujourd'hui, 27 novembre 1887, n'ayant reçu aucune réponse à la dite lettre, je suppose qu'elle ne vous est pas parvenue, c'est pourquoi je prends la la liberté de recommander celle-ci, contenant la copie exacte de ma précédente; tout en vous donnant connaissance que si, demain ou après-demain au plus tard, je ne reçois pas une réponse à la présente, vous me mettrez dans la triste obligation d'en adresser le jour suivant (1er décembre 1887), une copie exactement conforme à Monsieur le Président du Tribunal da Commerce d'Alger, tout en lui demandant une entrevue, pour pouvoir m'expliquer avec lui, concernant les difficultés déplorables que j'éprouve pour me faire rendre justice, dans cette triste et déplorable affaire qui dure depuis plus d'un an bientôt.

J'ai l'honneur de vous saluer.

Augustin BABIN.

P.-S. — Monsieur, ayant un pressant besoin des nombreux objets déposés chez M. Mertz, huissier, depuis le commencement d'avril dernier, il faut absolument que mon affaire soit définitivement réglée sous peu de jours.

V. t. d.

A. B.

Nota. — Nous ferons remarquer, ici, que l'objection que Monsieur Basset nous a faite le 16 novembre 1887, lorsque nous sommes allé le voir à cette époque, n'avait absolument aucunement sa raison d'être. En effet, cette objection était celle-ci : *je vous croyais parti pour la France, nous dit-il, c'est pourquoi je ne me suis pas occupé de votre affaire.* Cette objection positivement, n'avait aucunement sa raison d'être, car le plus simple *bon sens* aurait dû lui faire comprendre, que si nous étions partis pour la France, nous lui en aurions certainement donné connaissance. De plus, nous ferons remarquer que quinze jours à trois semaines auparavant l'époque sus-désignée, nous avions déposé dans sa boite aux lettres, un exemplaire de notre *Régénérateur* que nous avions fait paraître à cette sus-dite époque. Cette objection prouve donc, de sa part, un manque absolu de bonne foi et de franchise de la part d'un homme à cheveux blancs, c'est (vous l'avouerez, chers lecteurs), fâcheux et déplorable...

A. B.

Alger, le 30 novembre 1887

Monsieur Babin, Alger

Ainsi que je vous en ai avisé, en son temps, Monsieur Casabianca, imprimeur, a été nommé expert dans votre affaire Fontana et Cie par jugement du 29 juin 1888. C'est Monsieur Jean-Bernard Pannier, avocat, qui vous représentait à l'audience. Monsieur Jean-Bernard étant en vacance et vous-même absent, du moins on le supposait, l'expertise est restée en suspens.

Le jugement qui nomme un expert a été levé en expédition. Mais, Monsieur Jean-Bernard, dans le dossier duquel il se trouve, est en France, et je l'ai fait réclamer avec les notes et documents à celui de ses confrères à qui il a remis le dossier, Monsieur Lyonel père, j'attends qu'il me soit remis pour faire suivre l'expertise. Du reste, rien ne s'oppose à ce que vous la suiviez vous-même. Et, pour cela, je suis tout prêt à vous remettre votre dossier. Tout en vous répétant, d'ailleurs, que je suis entièrement à votre disposition pour faire le nécessaire, aussitôt que M. Lyonel m'aura remis le dossier de Jean-Bernard.

Agréez, Monsieur, mes salutations empressées.

V. BASSET.

Le 19 décembre 1887, fatigué de ne pouvoir obtenir aucun résultat quelconque, nous nous sommes décidé à écrire la lettre suivante à Monsieur Basset, avoué.

Alger, le 19 décembre 1887

A Monsieur Basset, avoué

Monsieur,

Le 14 mars 1887, en acceptant mes piéces se rappôrtant à mon procès contre MM. Fontana et Cie, et plus tard, Monsieur Bernard, avocat, en acceptant également les dites pièces, vous avez pris l'un et l'autre un *engagement d'honneur*, consistant à prendre loyalement et sérieusement ma défense.

Je dois vous dire, Monsieur, que si, actuellement, l'un et l'autre vous renoncez à prendre ma dite défense, vous me mettrez dans la triste obligation de *renoncer* moi-même à toute poursuite et de faire paraître, plus tard, la brochure dont je vous ai parlé; laquelle brochure ne pourra que nuire énormément (moralement parlant) à tous ceux qui m'auront nuis dans cette triste et déplorable affaire, mais principalement à vous deux; car l'un et l'autre vous devez comprendre que, du moment que vous m'aurez mis dans cette malheureuse obligation, c'est naturellement vous deux qui passerez pour les plus coupables, dans cette triste et déplorable affaire, je le répète.

J'ai l'honneur de vous saluer l'un et l'autre.

Augustin BABIN.

Boulevard de la République, 2, Alger.

P.-S. — Je compte essentiellement sur vous, Monsieur, pour communiquer ma lettre recommandée du 30 novembre dernier, ainsi que la présente, à Monsieur le Président du Tribunal de Commerce d'Alger.

J. v. s.

A. B.

Alger, le 16 janvier 1888

A Monsieur Basset, avoué

Monsieur,

Ainsi que j'en ai donné connaissance à Mme Venot, ma propriétaire, devant définitivement retourner en France à la fin du mois prochain, afin d'éviter les mauvais temps qui se produisent ordinairement à l'époque de l'équinoxe du printemps, je dois vous donner connaissance que, si le 20 février prochain, au plus tard, mon procès contre MM. Fontana et Cie n'est pas entiérement terminé, je compte aller vous réclamer mes pièces le 20 du dit mois, à une heure de l'après-midi, avec la ferme intention de retirer le lendemain tous les objets qui sont déposés chez Monsieur Mertz, huissier.

Naturellement, comme moi, vous devez comprendre, Monsieur, que les lecteurs de la brochure que je compte faire paraître (si justice ne m'est pas rendue à l'époque sus-désignée) tireront forcément de cette lecture la conclusion suivante: *Cet auteur a eu affaire à une coterie judiciaire et puis à des défenseurs sans conscience qui se sont vendus.* Cela me fait désirer, Monsieur, de ne pas être mis dans l'obligation de la faire paraître. D'autant plus que son apparition ne pourra produire qu'un véritable scandale des plus déplorables pour la ville d'Alger, de laquelle (vous et M. Bernard, avocat, y compris le Tribunal de Commerce) vous passerez pour les ennemis les plus dangereux.

J'ai l'honneur de vous saluer.

AUGUSTIN BABIN.

P.-S. — Toute justice ne m'étant pas rendue à l'époque sus-désignée, dans le propre intérêt de mes Concitoyens de la *Mère-patrie*, cette publication, Monsieur, sera forcément obligatoire (moralement parlant); car il est vraiment déplorable que, dans la ville d'Alger, la seule qualité de Français d'origine suffise pour ne pas pouvoir se faire rendre justice.

J. v. s.

A. B.

Alger, le 24 janvier 1888

A Monsieur le Président du Tribunal de Commerce d'Alger

Monsieur,

Ma croyance étant que vous devez essentiellement prendre intérêt à tout ce qui peut (moralement) intéresser la ville d'Alger et l'honneur de votre Tribunal de Commerce dont vous êtes le Président, je considère comme un devoir obligatoire de vous donner connaissance que je suis décidé à quitter la dite ville d'Alger, le 25 ou 26, au plus tard, du mois prochain, pour retourner en France.

Quant aux deux principaux motifs qui me chassent de votre ville, ils sont les deux suivants : d'abord, les honteux et déplorables désagréments que j'éprouve depuis plus d'un an, concernant mon procès contre MM. Fontana et Cie; puis, ensuite, les chaleurs excessives de l'été qu'il me serait excessivement pénible de supporter une seconde fois.

Sans aucun doute, Monsieur, concernant le procès en question, M. Basset, mon avoué, a dû (d'après mes recommandations expresses) vous communiquer les lettres que j'ai eu l'honneur de lui adresser par la poste le 27 juillet, 29 novembre et 19 décembre 1887, et puis, ensuite, ma dernière datée du 16 du présent mois. Actuellement, n'ayant reçu aucune réponse à cette dernière (ce qui m'inspire de tristes et déplorables réflexions à l'égard de la personne en question), je prends la liberté de vous écrire la présente, pour vous donner connaissance que, si vous tenez à ne pas nuire *(moralement)* à la ville d'Alger et à l'honneur de votre Tribunal de Commerce (je le répète), je vous engage, sérieusement, à m'éviter le pénible désagrément de faire connaître publiquement, une fois retourné en France, les tristes, honteux et déplorables faits qui se produisent actuellement et qui se sont produit depuis le commencement du dit procès. Ces faits, Monsieur, prouveront surabondamment, que le Tribunal de Commerce de la ville d'Alger, n'est qu'une *coterie judiciaire*, absolument sympathique à tous Juifs et Espagnols habitant la dite ville d'Alger et tout à fait antipathique à tous Français d'origine ; ce dont Monsieur le Ministre de la justice de la *Mère-patrie* pourra facilement se convaincre, en faisant faire une enquête sur les actes du Tribunal en question; actes qui tendent à faire de la ville d'Alger, une ville Juive et Espagnole, *sinon de fait, du moins de cœur;* ce qui déjà, malheureusement, existe beaucoup trop et cela, au préjudice de la population française et arabe, qu'on cherche à diviser plutôt qu'à unir; ce dont je puis donner une preuve absolument convaincante. Assurément, Monsieur, tout cela est absolument anti-patriotique et, de plus, déplorable pour notre *bien aimée* FRANCE...

Veuillez agréer, Monsieur, mes respectueuses salutations.

AUGUSTIN BABIN.

Boulevard de la République, 2, Alger.

NOTA. — Comme preuve de ce que nous disons dans la lettre ci-dessus, concernant les actes défectueux tendant à désunir les Français et les Arabes plutôt qu'à les unir, il suffit de rapporter le fait suivant, qui s'est passé dans le cabinet de Monsieur Malarmé, le jour que nous lui avons porté notre dossier. Ce fait est le suivant: à notre arrivée dans la salle d'attente, nous trouvâmes trois Arabes attendant Monsieur

Malarmé, qui n'arriva que vingt minutes plus tard environ. A son arrivée, Monsieur Malarmé nous salua et nous pria d'attendre quelques minutes, ayant quelques notes à prendre. A peine fut-il assis dans son cabinet, que deux personnes entrérent et furent aussitôt appelées par M. Malarmé, ce qui nous surprit énormément de sa part, surprise que nous manifestâmes à haute voix. Une fois ces deux personnes parties, Monsieur Malarmé nous appela. Nous nous levâmes de notre chaise aussitôt et lui dimes : pardon, Monsieur, voici trois personnes qui sont arrivées avant moi. A bah, répondit-il, ce sont des Arabes...

A. B.

Alger, le 31 janvier 1888

Monsieur Babin, Alger

Voulez-vous prendre la peine de venir à mon cabinet, pour conférer sur l'expertise ordonnée dans votre affaire Fontana et Cie? J'ai pu retrouver enfin les documents, qui s'étaient égarés aux greffes depuis le départ de votre avocat.

Agréez, je vous prie, l'assurance de mes sentiments dévoués.

V. BASSET.

Alger, le 1er février 1888

A Monsieur Basset, avoué

Monsieur,

Hier soir, j'ai reçu votre lettre datée du 31 janvier 1888, dans laquelle vous me dites d'aller vous voir à votre cabinet.

J'ai l'honneur de vous annoncer, Monsieur, que (depuis ce qui s'est passé la dernière fois que je suis allé vous voir) mon amour-propre s'oppose formellement à ce que j'acquiesce à votre demande. Si vous avez des observations à me faire, veuillez, je vous prie, me les faire par écrit.

Quant à moi, Monsieur, je vous ferai remarquer que, dans ma dernière lettre datée du 16 janvier, je vous ai fixé l'époque du 20 du présent mois pour terminer définitivement l'affaire en question ; tout en vous donnant connaissance que, dans le cas contraire, mon intention formelle est de vous retirer mes pièces, à cette dite époque; ainsi que tous les objets m'appartenant déposés chez Monsieur Mertz, huissier, depuis le mois de mars 1887; ce qui (quelle que soit votre opinion à cet égard) m'a occasionné un très grand préjudice. Cela, venant à se produire, grâce à vous. Monsieur, toute poursuite n'aura plus sa raison d'être et, dans ce cas, je vous aurai (en vous confiant les pièces de mon procès) donné *cent francs* uniquement pour me nuire...

J'ai l'honneur de vous saluer.

Augustin BABIN.

Boulevard de la République, 2, Alger.

Alger, le 1er février 1888

Monsieur Babin, Alger

N'ayant ni le désir, ni le loisir d'entretenir avec vous une correspondance inutile, je vous prie de faire retirer le dossier de votre affaire contre MM. Fontana et Cie, dont je ne veux plus rester chargé

Agréez mes salutations.

V. BASSET.

Alger, le 2 février 1888

A Monsieur Basset, avoué

Monsieur,

Je reçois à l'instant votre lettre datée du 1er courant, dans lequelle vous me priez de faire retirer mon dossier, se rapportant à mon affaire contre MM. Fontana et Cie, dont vous ne voulez plus rester chargé.

Ne connaissant personne assez particulièrement pour le charger d'une semblable mission, veuillez, je vous prie, Monsieur, m'envoyer le dit dossier par Monsieur votre commis, ce soir ou demain matin, à votre volonté. A partir d'une heure et demain matin jusqu'à onze heures, je serai chez moi.

Je vous salue.

AUGUSTIN BABIN.

Alger, le 3 février 1888

A Monsieur Mertz, huissier

Monsieur,

Monsieur Basset, avoué, ayant renoncé à prendre ma défense, je vous prie de tenir à ma disposition, demain à une heure de l'après-midi, les objets m'appartenant et que vous avez en dépôt depuis le mois de mars 1887, lesquels objets sont les suivants : 1° volume manuscrit; 2° vingt-et-un clichés d'une grande valeur ; 3° la collection générale de mes écrits.

J'ai l'honneur de vous saluer.

AUGUSTIN BABIN.

Boulevard de la République, 2, Alger.

Alger, le 3 février 1888

A Monsieur Basset, avoué

D'après votre lettre du 1er courant, renonçant à toute poursuite judiciaire, aujourd'hui sur les trois heures, je suis allé chez Monsieur Mertz, huissier, pour retirer les objets suivants, que je croyais déposés chez lui depuis le mois de mars 1887 et qu'il a prétendu n'avoir jamais eu en dépôt. Ces objets sont les suivants : 1° un volume manuscrit donné, jadis, à composer; 2° tous mes clichés astronomiques, au nombre de vingt-et-un, y compris deux portraits et la figure géométrique de la page 30 du dit volume ; 3° la collection générale de tous mes écrits.

Tenant essentiellement aux objets sus-désignés et ignorant à qui m'adresser pour les réclamer, veuillez, je vous prie (du moment que vous avez conservé mon dossier), me dire à qui je puis m'adresser pour rentrer en possession des objets en question, lesquels sont ma propriété et m'ont été offerts le 10 mars 1887, par acte d'huissier.

J'ai l'honneur de vous saluer.

AUGUSTIN BABIN.

NOTA. — Cette lettre est restée sans réponse, heureusement pour nous; car, dans le cas contraire, positivement nous aurions retiré, à cette époque, les objets en question, ce qui nous aurait occasionné un préjudice considérable et tout à fait déplorable.

A. B.

Le 7 février 1888, ayant écrit une lettre non recommandée à Monsieur le Président du Tribunal de commerce d'Alger, laquelle est restée sans réponse, (ce qui est arrivé également pour notre lettre recommandée du 24 janvier 1888), nous nous sommes décidé, le 10 courant, à lui en écrire une seconde recommandée et contenant la précédente. Cette lettre est celle-ci:

Alger, le 10 février 1888

A Monsieur le Président du Tribunal de Commerce d'Alger

Monsieur,

Le 7 du courant, j'ai eu l'honneur de vous écrire la lettre suivante :

Alger, le 7 février 1888

A monsieur le Président du Tribunal de Commerce d'Alger

« Monsieur,

« Monsieur Basset, mon ex-avoué, à qui, en mars 1887, j'ai compté *cent francs* pour prendre ma défense contre MM. Fontana et Cie, m'a fait remettre hier soir (6 du courant) mon dossier, se refusant absolument de remplir la mission pour laquelle il a été payé.

« Après de tels déboires, mon intention formelle étant de renoncer à toute poursuite judiciaire, je vous prie, Monsieur, en votre qualité de Président du Tribunal de Commerce d'Alger, de me faire rentrer en possession des objets suivants qui sont ma propriété intégrale : 1° Un volume manuscrit; 2° tous mes clichés sans exception; 3° la collection générale de tous mes écrits jadis donnée conditionnellement.

« Veuillez agréer, etc. »

Aujourd'hui, 10 du courant, n'ayant reçu aucune

réponse à la lettre ci-dessus désignée, je prends la liberté de vous adresser la présente, pour vous donner connaissance que, renonçant à l'intention formelle désignée dans la lettre ci-dessus, je vous prie de vouloir bien m'accorder la faveur de me défendre moi-même, du moment que mes défenseurs ont formellement refusé de s'en charger. Dans ce cas, je vous supplie, Monsieur, de faire en sorte que la dite affaire soit appelée devant votre Tribunal de Commerce, dans les premiers jours de la semaine prochaine, devant partir pour la France, la semaine suivante.

Veuillez agréer mes respectueuses salutations.

AUGUSTIN BABIN.

Boulevard de la République, 2, Alger.

TRIBUNAL DE COMMERCE D'ALGER

Alger, le 16 février 1888

Monsieur,

En réponse à votre lettre du 10 courant, Monsieur le Président me charge de vous faire connaître qu'il vous appartient de suivre sur le jugement préparatoire du 29 juin 1887, en conformité des règles de la procédure.

Recevez, Monsieur, l'assurance de ma considération distinguée.

Le Secretaire de la Présidence,

D. WIERCISKI.

Monsieur Augustin Babin, boulevard de la République, 2, Alger.

Alger, le 17 février 1888

A Monsieur le Président du Tribunal de Commerce d'Alger

Monsieur,

Tout ce que contient le *jugement préparatoire* ne m'a jamais été communiqué par M. Basset, mon ex-avoué, et ayant déposé le dossier qu'il m'a fait remettre le 6 du courant, dans ma malle sans en prendre connaissance, je viens à l'instant d'en faire la lecture qui m'a déplu comme contenant des exigences exagérées outre mesure (1); ce que, ma vie

(1) Ce renvoi, qui ne figurait pas dans la lettre, a pour but de faire remarquer, ici, que le procédé suivi par mon ex-avocat (Monsieur Huard) pour obtenir la facilité de faire appel, dans le cas où la justice ne m'aurait pas été rendue, m'a paru défectueuse. Mon opinion, à cet époque, était qu'il aurait été préférable de demander par jour une indemnité moins élevée; ce qui n'aurait pas empêché d'obtenir le même résultat.

Quand à Monsieur Basset, mon ex-avoué, lorsque je lui ai confié mon dossier, il était uniquement question de demander le remboursement des *quatre cents francs* comptés comme garantie et la restitution des objets m'appartenant. C'est contrairement à ma volonté qu'il a fait suivre l'affaire commencée par Monsieur Huard sus-cité.

Je me permettrai de faire remarquer, ici, que si Monsieur

durant, je n'ai jamais eu l'habitude de faire en aucunes circonstances.

Tout ce que je demande à Messieurs mes adversaires et ce que Monsieur Basset, mon ex-avoué était chargé de leur réclamer en mon nom ; c'est principalement le remboursement des *quatre cents francs* comptés par moi, le 11 décembre 1886, comme garantie ; plus la remise des objets suivants : 1° mon volume manuscrit ; 2° tous mes clichés sans exception; 3° la collection générale de tous mes écrits.

Quant à l'indemnité à réclamer, pour en finir une fois pour toutes, j'y renonce absolument; à la condition, naturellement, que tous les frais du dit procès restent à la charge de MM. Fontana et Cie. Seulement, Monsieur le Président, veuillez, je vous en supplie, faire en sorte que je rentre en possession des objets ci-dessus désignés, le plus tôt possible ; car (je vous le répète), de sérieux intérêts m'obligent à partir pour la France, vers la fin de la semaine prochaine, au plus tard, ainsi que j'ai eu l'honneur de vous le dire dans mes précédentes.

Veuillez agréer, Monsieur, mes très respectueuses salutations.

AUGUSTIN BABIN.

Boulevard de la République, 2, Alger.

le Président du Tribunal de Commerce d'Alger, avait demandé à entendre les parties, comme c'était son droit et *son devoir*, il aurait certainement évité tous ces inconvénients excessivement regrettables.

A. B.

21 juin 1887
n° 897
BABIN
c.
FONTANA ET Cie
—
contradiction
—

COPIE CONFORME
du
JUGEMENT PRÉPARATOIRE

Extrait des minutes du greffe du tribunal de commerce de la ville d'Alger

République Française

Au nom du Peuple Français

L'an mil huit cent quatre-vingt-sept, mercredi vingt-et un juin.

Le Tribunal de Commerce de la ville d'Alger, dans son audience publique de ce jour a rendu le jugement dont la teneur suit :

Entre le sieur Babin, homme de lettres, demeurant à Alger, demandeur comparant par Maître Passerieu, avocat,

d'une part et les sieurs

Fontana et compagnie, imprimeurs associés, demeurant à Alger, défendeurs comparant par Maître Chambon, avocat, d'autre part.

Fait suivant exploit du ministère de Maître Garrigou, huissier à Alger, en date du 26 janvier 1887, enregistré par le Receveur qui a perçu les frais.

Le demandeur a fait donner assignation aux sieurs Fontana et Compagnie à comparaître le lundi
mil huit cent quatre-vingt-sept à deux heures de relevée

à l'audience, par devant Messieurs les Président et Juges composant le Tribunal de Commerce d'Alger, séant en cette ville, rue de l'Etat-Major, numéro neuf :

Pour:

avoir à achever l'impression de l'ouvrage qu'il leur a donné à imprimer et cela selon les conditions verbales intervenues entre les parties et faute par eux dans les vingt-quatre heures du jugement à intervenir; se voir :

Primo, condamner à cinquante francs de dommages et intérêts pour chaque jour de retard.

Secundo, à deux mille francs de dommages et intérêts pour préjudice causé au demandeur, pour l'exécution des conventions dont s'agit sous toutes réserves.

La cause a été inscrite au rôle général du Tribunal de Commerce d'Alger, à la diligence de Maitre Passerieu, avocat du sieur Babin, sous le n° 897 de la présente année et porté à l'audience du lundi, d'où par suite de renvoi elle a été remise à celle du 29 juin de la même année; c'est en cet état qu'elle a été appelée à l'audience de ce jour de service et à laquelle est venu en ordre utile.

Les sieurs Fontana et compagnie se sont présentés par l'intermédiaire de Maître Chambon, avocat.

Maître Passerieu, avocat du sieur Babin, a exposé les faits de la cause et a conclu au nom de ce dernier à ce qu'il plaise au Tribunal, d'adjuger au dit sieur Babin les fins et conclusions par lui prises dans son exploit introductif d'instancc en date du vingt-six janvier mil huit cent quatre-vingt-sept, enregistré, prècité.

Les sieurs Fontana et compagnie ont conclu au débouté de la demande.

En cet état la cause présentait à juger les questions suivantes :

Points de droit,

Premièrement, le Tribunal devait faire droit aux conclusions prises par les parties;

Deuxièmement, devait-il au contraire modifier?

Troisièmement, qui des dépens et dommages-intérêts.

Les présentes qualités rédigées par le greffier soussigné sans préjudice des droits et des intérêts respectifs des parties auxquelles elles n'ont point été signifiées.

Sur quoi :

Ouï, les conclusions des parties après en avoir délibéré conformément à la loi, jugeant contradictoirement et par préparatoire.

Attendu que par exploit enregistré de Garrigou, huissier à Alger, en date du vingt-six janvier dernier, le demandeur a fait assigner les défendeurs pour avoir à achever l'impression de l'ouvrage qui leur a été donné à imprimer et cela suivant les conventions verbales intervenues entre les parties et faute par eux dans les vingt-quatre heures du jugement à intervenir se voir : Primo, condamner à cinquante francs de dommages-intérêts par chaque jour de retard ; secundo, à *deux mille francs* de dommages-intérêts pour préjudice causé au demandeur, pour l'exécution dont il s'agit.

Attendu que les parties sont contraires en fait, qu'il y a lieu en conséquence de nommer des experts.

Pour ce motif, nommons expert en la cause Monsieur

Casabianca, *lequel serment a préalablement prêté* entre les mains du Président de la cause ou de son dévolutaire, aura pour mission de dire si papier dont s'agit est conforme aux conventions verbales entre les parties, dit que pour ce faire s'entourera de tous les renseignements, entendra toutes les personnes, ainsi que les parties.

Ces dernières, si faire se peut, sinon donnera rapport pour sur à celui déposé aux formes de droit, entre statué à qu'il appartiendra; dit qu'en cas de refus de la part de l'expert précité, il sera procédé à la nomination d'un nouvel sur simple requête.

Dépens réservés; ainsi jugé et prononcé le mercredi, vingt-neuf juin mil huit cent quatre-vingt-sept, en l'audience publique du Tribunal d'Alger, en cette ville, rue de l'Etat-Major numéro neuf.

Où étaient et siégeaient

Messieurs

Teiné, juge Président.

Martel, juge.

Delacroix, juge suppléant.

Assistés de Maitre Saint-Julien, commis greffier.

Signés à la minute:

Teiné et de Saint-Julien.

Enregistré à Alger, le onze juillet mil huit cent quatre-vingt-sept, folio trente-sept, case deux. Reçu deux francs quarante-huit centimes, décimes compris.

Le Receveur de l'enregistrement,

MEUNIER.

En conséquence, le Président de la République française mande et ordonne à tout huissier sur ce requis de mettre le jugement à exécution.

Au Procureur général et aux Procureurs de la République près les tribunaux de première instance d'y tenir la main.

A tous commandants et officiers de la force publique de prêter main forte, lorsqu'ils en seront légalement requis.

Pour copie conforme.

Le Greffier, BÉRIAU.

Fin de ce jugement provisoire, plus curieux que nécessaire.

AUGUSTIN BABIN.

Observation importante

Les deux requêtes dont nous allons donner la copie exacte, n'ayant été connues de nous que le 6 février 1888, lors de la remise de notre dossier par Monsieur Basset, agent d'affaire sans conscience et amour propre, nous n'avons pas jugé à propos de les faire figurer à leur rang d'ordre.

Quant à la première, dont Monsieur Huard aurait dû nous donner une copie, ainsi que cela était primitivement convenu entre nous et qu'il a refusé de nous donner malgré notre réclamation expresse, nous ferons remarquer que cela nous a fait mettre en doute sa réelle existence et mis, plus tard, dans l'obligation de lui retirer notre dossier, qu'un mois plus tard environ, nous avons remis (la pièce non comprise, Monsieur Huard ne nous l'ayant pas donnée) à Monsieur Basset, avoué, le 14 mars 1887, lequel dossier, *augmenté du jugement préparatoire et des deux requêtes sus-désignées*, il nous a fait remettre le 6 février 1888, refusant absolument de continuer à prendre notre défense. Quant aux deux requètes, elles sont les suivantes :

L'an 1887 et le 26 janvier

A la requête de Monsieur Augustin Babin, homme de lettre, demeurant à Alger, boulevard de la République, n° 2, lequel fait élection de domicile en sa demeure.

J'ai, Alphonse Garrigou, huissier prés la Cour et les tribunaux d'Alger, y demeurant rue de la Marine, 9, soussigné :

Dit, déclaré et au besoin rappelé à MM. Fontana et Cie, imprimeurs-éditeurs associés, demeurant à Alger en leur domicile où étant et parlant à l'un des associés ainsi déclaré.

Qu'aux termes de conventions verbales intervenues entre eux et me requérant dans la seconde quinzaine de novembre 1886, les requis s'obligeaient à imprimer et éditer sur papier blanc et satiné un ouvrage d'Astronomie que Monsieur Babin livrait à la publicité.

Qu'aux termes de conventions également verbales qui suivirent, les requis devaient livrer à mon requérant trois cents exemplaires de son ouvrage (format in-12), dans la seconde quinzaine de mars prochain.

Qu'alors, Monsieur Babin remit à MM. Fontana et Cie une somme de *quatre cents francs* à valoir sur le prix total qui n'était prix définitivement et qui devait être réglé suivant les usages établis en ces matiéres, une fois l'ouvrage terminè, corrigé, livré et définitivement accepté par l'auteur.

Que la première feuille de l'ouvrage à éditer fut tirée et livrée par MM. Fontana et Cie conformément aux conventions verbales intervenues, sur papier blanc et satiné.

Mais que les deuxième, troisième et quatrième feuilles furent, au contraire, imprimées sur papier différent moins blanc et terne.

Qu'à la suite d'observations et de réclamations du réquérant. MM. Fontana et Cie reprenaient le tirage des cinq et sixième sur papier blanc et satiné.

Qu'à la grande surprise du requérant qui espérait que ces difficultés s'aplaniraient et que l'impression de son ouvrage allait s'effectuer sans retard, MM. Fontana et Cie livraient la septième feuille sur le papier critiqué lors des premiers tirages et exigeaient de plus du requérant, contrairement aux conventions verbales intervenues, un versement préalable d'une somme de *soixante francs* pour toutes nouvelles feuilles à imprimer.

Que les prétentions de MM. Fontana et Cie ne sauraient être admises en présence des précédents qui existent, savoir:

Tirage des première, cinquième et sixième feuilles sur papier blanc et satiné et payement d'un à compte de quatre cents francs, dès le début, sans que jamais il ait été stipulé de versement déterminé pour chaque feuille à livrer.

Que ces prétentions en arrêtant la marche de l'impression causent au requérant un préjudice considérable dont il lui est dû réparation. C'est pourquoi j'ai fait sommation aux requis sus-nommés d'avoir, dans les vingt-quatre heures à compter de la signification d'icelui à continuer l'impression de l'ouvrage de Monsieur Babin sur le papier blanc et satiné qu'il a choisi.

Leur déclarant que le prix leur en sera réglé sur note détaillée par eux fournie une fois l'ouvrage terminé, broché, livré et définitivement accepté par le requérant.

Et à défaut par eux de satisfaire à la présente sommation dans le délai voulu, je leur ai donné assignation à comparaître le lundi trente-et-un janvier courant moîs à deux heures de relevée à l'audience et par devant MM. les Président et juges composant le Tribunal de Commerce d'Alger, séant en cette ville, rue de l'Etat-Major, 9, pour :

Par les motifs exposés au présent exploit, lesquels seront repris et développés à la barre.

Voir dire que MM. Fontana et Cie seront tenus conformément aux conventions verbales qui existent, de continuer l'impression de l'ouvrage de Monsieur Babin sur le papier par lui choisi, papier satiné et blanc.

Voir dire en conséquence qu'ils seront tenus de réimprimer à leurs frais sur ce papier les deuxième, troisième, quatrième et septième feuilles tirées sur papier gris et terne contrairement aux conventions intervenues.

Et faute par eux de ce faire dans les vingt-quatre heures de la signification du jugement à intervenir, s'entendre dès à présent condamner à cinquante francs de dommages-intérêts pour chaque jour de retard apporté dans la continuation de l'impression.

Et pour réparation du préjudice causé à mon requérant par les prétentions de MM. Fontana et Cie, s'entendre condamner les requis à deux mille francs à titre de dommages-intérêts.

S'entendre en outre condamner à tous dépens.

Voir ordonner l'exécution provisoire du jugement à intervenir nonobstant opposition ou appel et sans caution.

Sous les plus amples réserves.

Et je lui ai étant et parlant comme dessus laissé copie du présent sur une feuille de timbre spécial à un franc vingt centimes.

Coût 6 francs, 95 centimes.

CARRIGOU.

Enregistré à Alger le 28 janvier 1887, folio 42, case 14. Reçu un franc, 75 centimes.

C.

L'an 1887, le 19 mars

A la requête de M. Babin (Augustin), homme de lettre, demeurant à Alger

J'ai Victor-Alexandre Mertz, huissier près la Cour et les tribunaux d'Alger, y demeurant, 11, galerie Malakoff, soussigné

Donné avenir et assignation à MM. Fontana et Cie, imprimeurs-éditeurs associés, demeurant à Alger, en leur domicile où étant et parlant à la personne de l'associé de M. Fontana.

A comparaître devant le Tribunal d'Alger, le lundi mars présent mois, à deux heures après-midi, en son audience ordinaire, au palais de justice, rue de l'Etat-Major, n° 9, pour :

Venir répondre et procéder sur et aux fins de l'assignation du 26 janvier dernier, enregistrée.

Et par les motifs y énumérés en voir adjuger au requérant les fins et conclusions.

Voir dire, en conséquence, qu'ils seront tenus de continuer et achever, conformément à leurs conventions verbales, l'ouvrage du requérant et de réimprimer à leurs frais les feuilles alors tirées sur papier gris ou terne;

Sous peine de cinquante francs par jour de retard.

S'entendre, en outre, condamner à deux mille francs de dommages-intérêts et aux dépens, avec exécution provisoire, sans caution, nonobstant opposition ou appel.

Et je leur ai, en leur domicile et parlant comme dessus; laissé copie du présent, sur une feuille spéciale de soixante centimes.

Coût cinq francs, 75 centimes.

A. MERTZ.

Enregistré à Alger le 21 mars 1887, folio 88, case 39. Reçu cinq francs, 75 centimes.

M.

Draguignan, le 6 mars 1888

A Monsieur Édouard Castelli, agent d'affaire

Cher Monsieur,

N'ayant reçu mes colis à petite vitesse que hier seulement (lesquels contenaient tous mes livres), je suis heureux de pouvoir vous adresser aujourd'hui même la Brochure dont je vous avais parlé le jour que vous m'avez fait l'amitié de venir me voir avec Monsieur Déchaut; lequel jour vous avez eu la bonté d'accepter mon dossier contre MM. Fontana et Cie, pour prendre ma défense.

Merci de nouveau, cher Monsieur, pour la grande preuve d'amitié que vous m'avez donnée à cette époque, d'autant plus que je suis persuadé que vous éprouverez, de la part du Tribunal de Commercee d'Alger, de grandes difficultés pour obtenir un jugement conforme à la saine justice.

Au surplus, dans le cas contraire (ce qui serait de l'immoralité la plus déplorable de sa part), je suis décidé à avoir recours à la Cour d'appel, si cela devient par trop nécessaire et si, en même temps, vous consentez à vouloir bien continuer à prendre ma défense dans le cas sus désigné.

Veuillez agréer, cher Monsieur, ainsi que Monsieur Déchaut, mes très affectueuses salutations toutes fraternelles, spirituellement parlant.

Augustin BABIN.

Hôtel Continental à Draguignan (Var).

Alger, le 12 avril 1888

Monsieur,

En mon pouvoir vos honorées des 6 et 22 mars dernier.

Le 6 mars dernier M. Pézè a été nommé expert, dans votre affaire contre MM. Fontana et Cie en remplacement de M. Casabianca qui avait refusé de remplir la mission que le Tribunal de Commerce lui avait confiée.

Je n'ai pu voir le nouvel expert que le 26 mars suivant, lequel, après avoir pris connaissance du dossier, m'a déclaré ne pouvoir remplir le mandat d'expert.

J'ai dû présenter une nouvelle requète à MM. les membres du Tribunal de Commerce, j'espère que le remplaçant de MM. Casabianca et Pézé sera nommé lundi prochain.

Sitôt que je le connaîtrai, je m'empresserai de vous écrire.

Veuillez agréer, mon cher Monsieur, l'assurance de mes meilleurs sentiments.

Édouad CASTELLI.

Monsieur Babin, Draguignan.

Nota. — D'après la lettre sus-désignée, nous accusant réception de nos deux lettres des 6 et 22 mars dernier (si cette dernière ne figure pas dans cette Brochure, c'est que nous n'en avons pas gardé de copie) et nous faisant connaître que Monsieur Casabianca a refusé de remplir la mission que le Tribunal de Commerce lui avait confiée (refus tardif à l'excès et dont nous lui sommes peu reconnaissant, etc.), d'après la lettre sus-désignée, disons-nous, les lecteurs de la présente Brochure pourront apprécier, à sa juste valeur, le *bon vouloir* du Tribunal de Commerce de la ville d'Alger, pour nous rendre la justice qui nous est *légitimement* due.

Après une telle conduite de la part du dit Tribunal, nous aimons à espérer que M. le *Gouverneur général* de l'Algérie et MM. les *Administrateurs principaux* de la ville d'Alger jugeront à propos de recommander au dit Tribunal de Commerce d'Alger d'en finir le plus tôt possible, dans l'intérêt purement moral de la dite ville; puis ensuite, surtout, d'éviter un *scandale judiciaire*, en prononçant leur jugement définitif qui aurait dû être prononcé il y a plus d'un an ; ce qui aurait évité l'apparition de cette Brochure...

Nous ajouterons ici que cela nous aurait permis (comme nous en avions le très grand désir) de finir nos jours dans la ville d'Alger, malgré les grandes chaleurs de l'été, qu'il nous aurait été facile d'éviter, en allant habiter BOUZAREAH, durant juillet et août de chaque année, comme nous en avions donné connaissance à notre propriétaire, Mme Venot, boulevard de la République, 2, Alger.

NOUS TERMINONS, ICI, CETTE BROCHURE N° 1; A PLUS TARD, LA BROCHURE N° 2.

ERRATA

Page 12, lignes 5 et 6 : notre dernière; *lisez :* votre première.

Page 15, ligne 3 : vous dites ; *lisez :* vous nous dites.

Page 15, ligne 25 : inutilement; *lisez : inutilement.*

Page 16, ligne 1re : volume; *lisez :* ouvrage.

Page 24, ligne 10 : 22 janvier; *lisez :* 21 janvier.

TABLE DES MATIÈRES

SECONDE PARTIE

23

12 PROVERBES SUIVIS D'UN AVIS

1. Démasquer le vice, c'est protéger la société tout entière et *vice-versa*.
2. Se défendre contre le vice est un devoir moral *obligatoire*.
3. Chercher à cacher le vice, c'est l'approuver et se rendre coupable vis-à-vis de la société tout entière.
4. Toute coterie est un vice que l'honnêteté doit combattre.
5. Qui dit coterie, dit infâmie.
6. Avoir les cheveux blancs et puis tromper autrui, tout en le flouant, est un acte d'infâmie des plus déshonorants.
7. Le vice, dans la société est comme la mauvaise herbe dans un champ, il faut l'en extraire.
8. Celui qui soutient le vice est forcément l'ennemi de la société tout entière.
9. Soutenir un ou plusieurs coupables pour nuire à l'innocence, c'est s'avilir et se déshonorer.
10. Protéger le vol, c'est se rendre voleur soi-même.
11. Qui dit menteur, dit floueur.
12. Qui, par ruse, soustrait une somme d'argent n'est, positivement, qu'un voleur impudent.

AVIS

Un homme a-t-il un vice, aussitôt il se donne
La vertu opposée au dit vice en question.
Un menteur, par exemple, en toutes occasions,
N'a que sa bonne foi à parler aux personnes
Qui se trouvent avoir des rapports avec lui.
Méfiez-vous de ces gens qui vous parlent ainsi ;
Car quatre-vingt-dix-neuf sur cent, assurément,
Sont dépourvus, Lecteurs, de ce beau sentiment.

A. B.

www.ingramcontent.com/pod-product-compliance
Ingram Content Group UK Ltd.
Pitfield, Milton Keynes, MK11 3LW, UK
UKHW020929180726
13838UKWH00002B/846

9 782329 418445